Reinaldo Polito

ORATÓRIA
PARA ADVOGADOS
E PROFISSIONAIS
DO DIREITO

3ª edição

CB004277

gen | Benvirá

- Direitos exclusivos para a língua portuguesa
  Copyright ©2025 by
  Benvirá, um selo da SRV Editora Ltda.
  Uma editora integrante do GEN | Grupo Editorial Nacional
  Travessa do Ouvidor, 11
  Rio de Janeiro – RJ – 20040-040

- **Atendimento ao cliente: https://www.editoradodireito.com.br/contato**

- Capa: Tiago Dela Rosa
  Imagens de capa: iStock/GettyImagesPlus/vladystock (fundo);
  iStock/GettyImagesPlus/anttohoho (ícones)
  Projeto gráfico: Ulhoa Cintra Comunicação Visual
  Diagramação: Adriana Aguiar
  Ilustração: Adolar

- **DADOS INTERNACIONAIS DE CATALOGAÇÃO NA PUBLICAÇÃO (CIP)**
  VAGNER RODOLFO DA SILVA – CRB-8/9410

  P769o   Polito, Reinaldo
          Oratória para advogados e profssionais do direito / Reinaldo Polito. – 3. ed. – São Paulo: Benvirá, 2025.

          248 p.
          ISBN 978-65-5810-377-6 (Impresso)

          1. Comunicação. 2. Oratória. 3. Advogados I. Título.

                             CDD 302.2
  2024-4665   CDU 316.77

          Índices para catálogo sistemático:
          1. Comunicação   302.2
          2. Comunicação   316.77

Respeite o direito autoral

Dedico esta obra aos meus primos e amigos
Luis Alberto Cabau e Renato Eduardo Saes.

Agradecimentos

À minha mulher, Marlene Theodoro, que, desde a primeira edição da obra que deu origem a este livro, leu incansavelmente cada página e, com sua sensibilidade, visão e conhecimento, sugeriu modificações sempre oportunas e enriquecedoras.

À Rachel Polito, uma parceira de décadas na pesquisa e no ensino da oratória.

Ao Professor Oswaldo Melantonio, em quem se inspirou minha atividade profissional.

À Dra. Leny Kyrillos, uma das maiores especialistas no ensino e no tratamento de voz em todo o país, pelas importantes sugestões no capítulo ligado à fonoaudiologia.

Ao Dr. Jônatas Junqueira de Mello, pelas excelentes sugestões sobre a prática judiciária.

Ao Dr. Rubens Calixto, que avaliou este livro com a experiência de décadas como magistrado.

Ao Dr. Edilson Mougenot Bonfim, jurista, professor e escritor renomado, por ter analisado este livro sob a luz de sua admirável competência na área do Direito.

Ao Dr. José Paulo Magano, juiz de Direito em São Paulo, pela leitura crítica e pelas considerações que fez a esta obra.

À Roberta Polito, pelas competentes observações como personal stylist.

À Dra. Renata Favero Rampaso, pela gentileza e competência com que me orientou em importantes questões legais.

Sumário

2ª PARTE – Técnicas de apresentação
e as circunstâncias especiais

Prefácio

No princípio era o Verbo, e o Verbo estava com Deus. E o Verbo era Deus. A primeira e a mais forte referência à força da palavra aparece na Bíblia. A transformação do verbo em Deus denota que a palavra é a grande herança da humanidade. Sob o império da palavra — oral, escrita — forjaram-se as civilizações, expandiram-se as culturas, disseminaram-se os valores, escreveram-se as histórias dos povos. Com a palavra, construíram-se os caminhos da Guerra e da Paz. Pela palavra, firmaram-se as bases do Amor, da Verdade, da Justiça, do Perdão, da Caridade, do Civismo, da Cidadania, da Fé e da Esperança.

Aristóteles dizia que somente o homem, entre todos os animais, possui o dom da palavra; a voz indica tão só dor e prazer, e por essa razão foi outorgada aos outros animais. A palavra, contudo, tem a finalidade de fazer entender o que é útil ou prejudicial, o que é justo e injusto.

Faço essas primeiras referências para atestar a importância desta obra que tenho a satisfação de prefaciar e que, fundamentalmente, trata do domínio da palavra: *Oratória para advogados e profissionais do direito.*

A palavra exerce extraordinário poder. É o mecanismo básico que, agindo nos hemisférios cerebrais, ajusta o ser humano ao meio ambiente e à vivência social: condiciona, provoca reações, induz, seduz, motiva, sugestiona, hipnotiza, integra, harmoniza, dá segurança.

A par da carga psicossomática que traz para o equilíbrio do ser humano, a palavra preenche os ciclos da história com as ideias, os valores e os princípios que fundamentaram as conquistas das civilizações e que possibilitaram avanços e descobertas em todos os campos do conhecimento universal.

A história do homem é, por assim dizer, a própria história da evolução da palavra. Na Antiguidade, a palavra exprimia grandeza e era soberana. Era forte a expressão de Demóstenes (384-322 a.C.), grande orador e político grego, na Ágora. Era incandescente a locução de Cícero (106-43 a.c.), no Fórum romano; foi de incrível beleza a sonata de amor ditada por Cristo no Sermão da Montanha: "Bem-aventurados os que têm fome e sede de justiça". As plateias da Antiguidade se embeveciam e se encantavam com a arte dos grandes mestres da palavra. O Estado-Cidade deu lugar ao Estado-Nação. Para atender aos milhões de cidadãos espalhados pelos mais distantes lugares, a palavra expandiu suas fronteiras, ganhou força com a invenção da imprensa e, assim, acompanhando os passos do tempo, chegou às ondas do rádio e da televisão. Mas, ao longo de todos os ciclos evolutivos, jamais deixou de ter papel preponderante na tessitura dos fios da História. Da mesma forma que no passado, nestes nossos tempos de comunicação eletrônica, a palavra continua a exercer extraordinário poder de sedução, principalmente quando se ampara nos atributos centrais da boa oratória.

E que atributos são esses? Quais as condições, as técnicas, os métodos, os processos, os recursos, enfim, qual é o aparato necessário para obter sucesso junto às mais diferentes e exigentes plateias? A resposta se estende pelas páginas desta obra de autoria do Reinaldo Polito, o maior especialista brasileiro no ensino sobre a arte de falar em público.

Aqui está, verdadeiramente, a Bíblia da Oratória para advogados, eis que apresenta abrangente conteúdo sobre o dom da palavra e questões mais específicas, inerentes ao múnus advocatício. Os catorze capítulos, distribuídos de forma didática e harmônica pelas duas partes deste livro, constituem o mais denso e qualificado conjunto de informações, orientações e reflexões sobre a arte de falar em público.

Trata-se de leitura obrigatória para o advogado.

Luiz Flávio Borges D'Urso
Advogado criminalista, mestre e doutor pela USP e presidente
da Ordem dos Advogados do Brasil – Secção de São Paulo, de
2004 a 2012

Apresentação

Acabo de concluir, de madrugada, a leitura da obra *Oratória para advogados e profissionais do direito*, que me foi dada em primazia. O professor Reinaldo Polito construiu uma ponte, a mais difícil, pois não une duas encostas ou dois pontos no espaço; une, sim, o curso da história, em seus dois pontos: o passado ao presente. Eis que remodela a oratória clássica dos gregos, agregando predicados de modernidade, de modo a torná-la palatável ao gosto e às necessidades contemporâneas. Não ensina, meramente, o falar belo, com ornatos na linguagem, mas o falar útil, com modos no pensamento. E não apenas falar, mas dizer, comunicar-se, que é o expressar ideias, libertando o pensamento.

Seguida a obra em seus ensinamentos, faz o advogado-leitor verdadeiro *upgrade* profissional, na medida em que deixa de ser mera estatística ou "número de Ordem", para exercitar um maior protagonismo profissional e social, eis que, conquanto tenha direito de voz e petição, precisa saber usá-la, argumentando corretamente, arrazoando e convencendo, como convém a um profissional de sua estirpe.

* * *

Advogar não vem de *ad* + *vocare*, de chamar para si o problema do cliente? E como fazê-lo, se na faculdade ensinam-se as disciplinas jurídicas, destrincham-se os emaranhados legais, mas não se ensina, por outro lado, minimamente, o modo de fazer uma sustentação oral perante um juiz ou tribunal? Ou, pelo menos, não se ensina de modo sistemático e técnico como na forma do magistério do autor, cuja disciplina, adotada nos currículos acadêmicos, muito contribuiria para a formação profissional.

Houve época, é verdade, em que os advogados — eram poucos! — costumavam falar bem, alguns verdadeiros especialistas na "genial facúndia, na especiosa arte de dizer", segundo Latino Coelho. Hoje, um dos espetáculos mais degradantes que posso imaginar é aquele propiciado pelo "presente de grego" — literalmente! — que se pode dar a um "causídico" mediano, qual seja, o de convidá-lo, de surpresa, em meio a uma festa ou solenidade, a fazer uso da palavra, pedindo-lhe um "pequeno discurso", umas "rápidas palavras"...

Se tortura tem nome, seu nome é "improviso". Daí, uma constatação: o homem aproximou-se das máquinas, mas se distanciou dos humanos, e nada mais humano que a arte da comunicação tão esquecida. Não há televisão, computador, celular, *e-mail* nem porta corta-fogo para proteção térmica de incineração profissional. O efeito enrubescedor no rosto do agraciado será aferível como queimadura de primeiro grau pela assistência.

* * *

Erguem-se as cortinas e começa o espetáculo. O orador estático, o vermelho do rosto cedendo lugar à lividez, o coração em descompasso, as pernas trêmulas, já não sabe se corre ou desmaia, olhando para os que o olham, sem nada dizer para os que o escutam. O público, entre generoso, perplexo e algoz, certo de que algo de grandioso ou monstruoso acontecerá, espreme-se na sala para um espetáculo, não raro, de dor e constrangimento. Aristóteles, também grego, é quem dizia que as coisas fora de tempo ou de lugar ou são cômicas ou são trágicas. Eis aí, pois, um episódio tragicômico. Os mais espertos — e não mais preparados! — fazem uma graça, contam uma piada, banalizam e informalizam a situação, e rapidamente dão por findos os discursos. Outros confessam a incapacidade de falar — "não tenho palavras!" — na esperança do réu, para quem a confissão atenua a pena. Outros, ainda, mais vexados, preferem a morte nesse momento — "é preferível morrer à desonra da vergonha!" —, que, por azar — fatalidade nunca anda só! —, não chegará na rapidez desejada. Morrerá, sim, um dia... mas, primeiro, sofrerá a atrocidade do presente ateniense.

Que armadilha o destino não terá reservado para os "doutores bacharéis", não somente em julgamentos, mas em aniversários, reuniões, casamentos e outras atividades sociais e culturais? Afinal, na consciência nacional, no imaginário coletivo, todo advogado é Rui Barbosa, orador símbolo da advocacia, como para a consciência internacional, o Brasil é "a pátria de chuteiras", combinação mirífica de Pelé e Nelson Rodrigues.

Ser advogado, assim, é, no mínimo, prometer um lampejo de gênio, daqueles que ostentam a mesma "carteira da Ordem" que um dia o gênio baiano ostentou. É uma flor e um espinho. Um mandato, um direito e uma obrigação. Ser advogado, nessa circunstância, é "padecer no paraíso de um conceito" sem o pleito de pagar a falação.

* * *

Contou-me certa vez o grande Evandro Lins e Silva, ícone da advocacia, a história de um pai baiano, fazendeiro do interior, rico, que mandou o filho estudar em São Paulo. Formado, o rapaz voltou à sua cidade como advogado, e o pai alugou o cinema local para uma noite de festa, para que todos vissem o rapaz discursar sobre um determinado tema. Duas horas e meia de discurso depois, quando o filho quase finalizava, o pai orgulhoso vira-se a um fazendeiro amigo e lhe pergunta: "Que tal o rapaz?", ao que o amigo responde: "Fala bem... só não entendi é que o assunto terminou e ele continuou falando".

Os baianos só faltam nascer falando. Cantar, aprendem depois, mas dançar já nascem sabendo. Não é à toa que dizem, na Bahia, que Demóstenes era o Rui Barbosa grego, não por dotes bailarinos, imagino, mas pelo grande orador em que se transformou.

* * *

Quando Polito inicia sua obra falando da credibilidade do advogado (Capítulo 1), só falta falar: "lembrem-se de Clarence Darrow, lembrem-se de Clarence Darrow". Sim, o maior dos advogados norte--americanos do século transato, o que mais convencia, o que melhor falava, o que mais conhecia, foi também o que mais padeceu na perda do conceito, no fenecimento de sua autoridade moral. De quem muito se espera, muito se deve dar, pena de decepção, que é a frustração da expectativa. E de Darrow muito se esperava. Por isso, não foi fácil para aquela nação que tanto o admirava vê-lo acusado

17

de corromper o júri. Após o escândalo, Darrow perdeu altitude, magnitude e atitude. Darrow, após, perdeu.

* * *

O que me chama a atenção na obra do Polito é que não abandona o discurso ético pelo sucesso fácil. Recomenda postura, e não impostura. Há causas que se ganham, perdendo, como costumo dizer, e coisas que se perdem, ganhando. Caráter e honradez acompanham a voz do tribuno por onde for, são signos de luz a seguir o timbre. Fala firme e forte quem pode falar. No tíbio, a voz não sai. No corrompido, mal é ouvida. No corruptor, é um sussurro. No advogado, voz deve ser voz, altiva e sonora. E a assistência, assim, há de lhe dar atenção.

* * *

O que nos aniquila hoje, antes, durante e além dos disparos mortais da violência inaudita é a má comunicação, quando não exteriorizamos corretamente quem somos, não dizemos ao outro o que realmente pensamos, sentimos ou queremos, não vemos nem mesmo no outro uma extensão intersubjetiva de nós mesmos. Se não há espelho — se ao outro não me miro ou não me dirijo —, não há beleza, não há estética corretiva, não há virtude, não há progresso. Pode haver homem, mas não humano, eis que este é mais que uma mera estrutura fisiológica dos jogos malabares da natureza. No hiato comunicativo, no fosso da não comunicação, interrompo-me como ser, quando deixo de estender a ponte da dignidade de meu olhar ao meu próximo, fazendo que nós dois sucumbamos nas distâncias: ele, por não me ver de sua extremidade; eu, por não olhá-lo de minha longitude.

* * *

A obra de Polito é uma bela contribuição à arte da comunicação e ao ofício dos advogados. A linguagem simples e direta não esconde o conteúdo denso e profundo; antes, revela-o, como se revela o diamante puro em uma superfície límpida. Seu magistério é produto de seu talento e labor, já que não é um *parvenu*, um filho da fortuna, mas um *self-made man* que tem história, porque fez história, porque, com dignidade e suor, venceu. Meus cumprimentos se endereçam ao homem de bem que construiu uma catedral, a catedral de sua obra. E, para esta, tenho um olhar de aplauso e admiração. Tem o autor, pois, legitimidade para ensinar e, por isso, o sucesso de que desfruta.

Assim, seguidas suas lições, seja em qualquer ocasião, em qualquer área jurídica, ou no júri, que digam os atuais leitores, jovens advogados, como um dia dissera o grande Evandro Lins e Silva ao fazer um inventário moral de sua vida de advogado criminalista: "No juízo final hei de ser julgado pelo que fiz e pelo que deixei de fazer. Quero reivindicar desde agora o direito de defesa, que Deus não me negará. Nunca adotei nem admiti posições radicais, sempre me identifiquei com o sofrimento alheio e estive ao lado dos fracos e perseguidos. Jamais vacilei na defesa dos direitos da pessoa humana. Quero, na corte celestial, explicar e pedir compreensão para os meus pecados. Como lutei na Terra, na defesa da liberdade dos outros, lutarei lá para ganhar a minha própria causa e conquistar o reino dos céus. Peço ao Criador que me dê duas horas e o resto esta tribuna me ensinou como fazer...".

Edilson Mougenot Bonfim
Jurista, escritor e fundador da Escola de
Altos Estudos em Ciências Criminais

Pouco mais de duas palavras

Este livro, que depois de mais de 100 mil exemplares vendidos chega agora à 3ª edição com as alterações necessárias para facilitar ainda mais o aprendizado do leitor, obteve excelente aceitação dos advogados. Recebeu a chancela de qualidade da OAB de São Paulo e do Conselho Federal da OAB, foi adotado em diversas faculdades de Direito desde o seu lançamento e figurou no topo de importantes listas dos livros mais vendidos do país. Por exemplo, durante sucessivos meses conquistou o primeiro lugar em vendas na rede Saraiva, que sempre se notabilizou por ser especializada na comercialização de livros jurídicos.

Julgo oportuno comentar rapidamente como surgiu a ideia desta obra. Meu contato com advogados remonta a décadas. Durante toda a minha vida como professor de oratória, ministrei aulas para profissionais da área do Direito. Tenho sido contratado pelos maiores e mais importantes escritórios de advocacia do país, por grupos de promotores de Justiça, juízes, procuradores estaduais e federais, advogados que precisam defender trabalhos acadêmicos – como dissertações de mestrado, teses de doutorado, de cátedra – ou participar dos mais diferentes concursos oferecidos para a sua carreira, universidades de praticamente todos os Estados, ou estudantes que desejam entrar em faculdades de Direito que exigem exames orais para a aprovação dos candidatos.

Entre as inúmeras palestras que ministrei, entretanto, há uma em particular que foi muito marcante. Fui convidado para ministrá-la em Campo Grande, MS, no Centro de Convenções Rubens Gil de Camilo, para uma plateia de advogados e estudantes de Direito. O fato curioso é que, além da palestra, tive a honra de presidir o mais espetacular e bem-organizado concurso de oratória de advogados que já presenciei. Todas as faculdades de Direito do

Mato Grosso do Sul realizaram concursos internos e enviaram os doze vencedores para uma semifinal que escolheu os cinco finalistas. O concurso foi realizado logo após a minha palestra. Como presidente da mesa julgadora, foi emocionante observar que, embora todos tivessem excelentes qualidades oratórias, o vencedor foi aquele que conseguiu aliar a técnica ao seu próprio estilo de comunicação. Essa característica encantou não só a plateia que lotou aquele grande auditório como os jurados responsáveis pela avaliação final. E, como você irá notar, essa qualidade da comunicação, que alia a técnica ao estilo pessoal, será o aspecto mais destacado em todos os capítulos deste livro.

A partir de agora, você vai ler e estudar as lições que o auxiliarão a ter domínio da oratória. Está em suas mãos o mesmo curso que ministro desde 1975, preparando milhares de advogados para falar em público de forma correta e eficiente.

O objetivo deste livro, preparado a partir de conceitos testados na prática, é ajudá-lo a aprimorar a habilidade de falar nas situações mais frequentes à atuação do advogado, como no contencioso, na mediação, na conciliação ou até mesmo em uma palestra em público, para que possa desempenhar sua atividade profissional de forma mais segura e eficiente.

Depois de estudar os diversos capítulos, você encontrará exercícios de fixação, com respostas, que vão auxiliá-lo a assimilar e reter toda a matéria abordada; uma proposta de trabalho, que possibilitará pôr em prática, a partir de exercícios simples, todos os conceitos aprendidos; e um questionário de autoavaliação, para que você possa medir sozinho tanto o que realmente foi assimilado quanto os tópicos que precisam ser revistos.

As ilustrações foram elaboradas com a finalidade de dar ainda mais leveza à obra e tornar seus capítulos claros, didáticos, arejados e atraentes. Embora todas elas sejam importantes no conjunto deste trabalho, as que tratam da expressão corporal são mais numerosas e possuem relevância especial, porque esclarecem rapidamente o significado dos conceitos apresentados.

Leia com atenção cada página deste livro, reflita sobre os ensinamentos que for encontrando nos diversos capítulos, compare com a forma como tem se comunicado ou com o que tem observado na comunicação de outros advogados, faça os exercícios recomendados e, no final – espero que a proposta desta obra se concretize plenamente –, que você seja um advogado ou uma advogada com domínio da oratória.

Uma curiosidade sobre a origem deste livro. Contei à Cristina Almeida, advogada e então sócia do Massimiliano Pilotti (Max) na Italianova, editora que publica meus livros na Itália, como a ideia desta obra fora bem-aceita pelos advogados no Brasil. Ela me revelou um fato interessante:

"Caro Prof. Polito, fico feliz com as notícias sobre o *Oratória para advogados e profissionais do direito*. Antes de ser escrito, ele foi pensado na bela cidade de Bolonha, cidade dos estudantes e um dos maiores centros culturais da Itália. A maior característica da cidade, ao menos no centro, são as arcadas que vemos por todos os lados. Em uma livraria ao lado do prédio do Tribunal local, falávamos (ela e o Max) sobre o seu trabalho e, então, imaginamos seu livro voltado para a área do Direito".

Max me pediu que escrevesse um livro de oratória para os advogados italianos. O Luiz Flávio Borges D'Urso, presidente da OAB-SP na época, ao tomar conhecimento do fato, disse que a ideia seria excelente também para o Brasil.

Aqui está o livro. Concebido em Bolonha, escrito em Araraquara, no interior de São Paulo, e publicado para os advogados do Brasil.

Reinaldo Polito

1ª PARTE

Atributos da boa oratória do advogado

Introdução

Por que se tornar um advogado com domínio da oratória

Dificilmente um advogado ficaria interessado em dominar a oratória se não estivesse consciente dos benefícios que sua carreira teria dedicando-se ao aprendizado e ao aperfeiçoamento da arte de falar em público. Considerando que, como advogado, você precisará enfrentar situações de pressão e até de nervosismo, como na dinâmica das audiências trabalhistas e na sustentação oral perante os tribunais superiores, ou até mesmo nas teses de defesa ou de acusação no Tribunal do Júri, não será difícil deduzir, já nestas primeiras páginas, os motivos que o levariam a estudar essa arte tão fascinante para tornar-se um profissional que sabe usar bem a palavra em público.

Em sua obra *Ensaios sobre a eloquência judiciária*, Maurice Garçon é bastante severo ao falar da necessidade da preparação oratória do advogado: "Passado o estágio, o advogado é entregue a si próprio. Se não completar sua educação aprendendo recursos de uma arte que terá de praticar sem dela ter aprendido os segredos, se não exercer sobre seu pensamento, e sobre a forma que lhe emprestar, uma fiscalização rigorosa, permanecerá sem progredir, o mesmo homem que era, e antes aumentará seus defeitos do que suas qualidades".

O Professor Ernesto Leme, em conferência que proferiu na Sala do Estudante da Faculdade de Direito de São Paulo, discorrendo sobre "As velhas tradições da Academia", assim se referiu à oratória dos advogados:

"Esta Escola sempre foi um berço de oradores. Tivemo-los no passado, e os temos no presente, entre os seus mestres e entre os seus discípulos.

Da eloquência dos lentes de outrora, invocarei apenas um exemplo: José Bonifácio. Mais próximos de nós, ostentou a Congregação os vultos de João Monteiro, Brasílio Machado e Reynaldo Porchat. Entre os discípulos, resumiremos a oratória acadêmica em três figuras: Martim Cabral, Marinho de Andrade e César Bierrenbach. Isso para não falarmos de Castro Alves, de Rui Barbosa, de Joaquim Nabuco, irmãos na campanha pela redenção dos cativos e os dois últimos na luta em prol da Federação das Províncias. Nada direi quanto aos oradores do meu tempo, nem do vosso. Eu os conheci e os conheço. E podemos proclamar com orgulho que esta Casa mantém inalterável a sua velha tradição de eloquência".

Essa é a imagem que ainda perdura sobre a qualidade oratória dos advogados. Quem os vê assomando a tribuna, ou tomando a palavra em um tribunal, ou perorando em uma mesa de negociação, tem sempre a expectativa de uma comunicação eloquente e arrebatadora. Menos é decepção.

O próprio Estatuto da Advocacia e da OAB (Lei n. 8.906, de 4/7/1994), em seu artigo 7º, quando trata dos direitos do advogado, estabelece algumas situações em que o profissional pode se manifestar oralmente:

IX – sustentar oralmente as razões de qualquer recurso ou processo, nas sessões de julgamento, após o voto do relator, em instância judicial ou administrativa, pelo prazo de quinze minutos, salvo se prazo maior for concedido;

X – usar da palavra, pela ordem, em qualquer juízo ou tribunal, mediante intervenção sumária, para esclarecer equívoco ou dúvida surgida em relação a fatos, documentos ou afirmações que influam no julgamento, bem como para replicar acusação ou censura que lhe forem feitas;

XI – reclamar, verbalmente ou por escrito, perante qualquer juízo, tribunal ou autoridade, contra a inobservância de preceito de lei, regulamento ou regimento;

XII – falar, sentado ou em pé, em juízo, tribunal ou órgão de deliberação coletiva da Administração Pública ou do Poder Legislativo.

São apenas alguns exemplos que mostram bem a importância que a comunicação oral tem para o advogado. E se, nessas circunstâncias, o profissional não se apresentar de forma competente, as consequências para as causas que defende ou para sua própria carreira poderão ser negativas.

Provavelmente você não vai conseguir se lembrar de mais de cinco ou seis advogados que se projetaram em suas atividades mesmo sem ter domínio da oratória.

Você já deve ter refletido sobre a importância desse tema. Não há alternativa: para se sair bem no exercício da advocacia, uma das condições essenciais é saber falar bem. Trata-se de uma habilidade tão importante que, sem ela, você não conseguirá valorizar tudo o que aprendeu estudando ou trabalhando.

A boa comunicação deverá acompanhá-lo em todas as etapas importantes da vida. Vamos imaginar que você esteja estudando e, graças ao apoio dos pais ou de um parente, possa se dedicar apenas à vida universitária. Se pensar que, pelo fato de ainda estar nos bancos de uma faculdade, terá condições de permanecer calado o tempo todo, está muito enganado. Cada vez mais as faculdades de Direito exigem que os alunos apresentem oralmente seus trabalhos, e, se a comunicação for deficiente, poderá até comprometer a nota de avaliação. Significa que, mesmo antes de dar os primeiros passos na carreira, a comunicação será exigida. Agora vamos supor que já tenha saído da faculdade e esteja procurando emprego. Piorou! Advogado que não sabe se comunicar bem dificilmente consegue ser selecionado. Você vai participar de dinâmicas de grupo, entrevistas e, para ter sucesso, dependerá essencialmente da boa oratória. Ufa! Conseguiu se encaixar no mercado de trabalho. Agora é relaxar! Que nada! Quanto mais você crescer e se projetar como advogado, mais dependerá da eficiência da sua comunicação. Para advogados bem-sucedidos, a profissão adquire novos desafios, às vezes até distantes da área técnica do Direito. Você precisará participar cada vez mais de reuniões, de processos de negociação, fará apresentações de projetos, de planos de trabalho — sempre falando e sendo avaliado por sua comunicação. E atenção para esta notícia importante: se não fizer exposições orais de boa qualidade, perderá as posições que conquistou ou, no mínimo, não continuará crescendo. Enfim, independentemente da área do Direito que tenha escolhido ou venha a escolher, sempre precisará da boa qualidade da comunicação para progredir e se realizar. Mais cedo ou mais tarde, e, com certeza, bem antes do que você imagina, precisará estar com a comunicação afiada.

E a história não termina por aí. A convivência social também vai exigir que você fale bem. Quando nos relacionamos com amigos, dentro ou fora da área do Direito, que sabem conversar, contar histórias interessantes, sentimos prazer em estar com eles, e o tempo passa sem que ninguém olhe para o relógio. Ao contrário, quando as pessoas são muito quietas e ficam em volta da mesa, uma olhando para a cara da outra sem saber o que dizer, é duro de aguentar. Quer mais? Até para saber a hora de ficar quieto e ouvir de maneira atenta e interessada o que as outras pessoas têm a dizer você dependerá de uma comunicação bem desenvolvida. E, para dar o exemplo, vou parando por aqui. Mas não espere mais: comece a estudar cada um dos próximos capítulos. Dedique-se desde já ao aprimoramento da sua comunicação, pois, falando melhor, você será um advogado mais competente e muito mais feliz.

Agora que você já sabe por que é importante falar bem em público, podemos analisar os atributos que precisam ser desenvolvidos para que tenha o domínio da oratória judiciária. Estudaremos cada um deles isoladamente, a fim de atender a uma necessidade didática. Contudo, deverão ser observados sempre de acordo com o conjunto que estabelece o seu perfil característico.

Os atributos mais importantes para que você domine a oratória são:

- a credibilidade;
- a voz;
- o vocabulário;
- a expressão corporal;
- a aparência.

Capítulo 1
A credibilidade

Os políticos que me procuram com o objetivo de se preparar para as campanhas eleitorais concordam comigo que a classe a que pertencem não é lá muito acreditada. Por isso, já nos primeiros instantes do treinamento, explico que, se eles quiserem ter alguma chance de vitória, precisarão investir na conquista da credibilidade. Daí para a frente, todo o esforço para desenvolver e aprimorar a comunicação, passando por estrutura da fala, organização dos recursos de apoio, uso adequado da voz, da expressão corporal e até da escolha das palavras para compor o vocabulário mais apropriado, terá como principal objetivo a conquista da credibilidade.

Não se assuste; este livro não foi elaborado com o objetivo de preparar políticos, continua sendo uma obra destinada a advogados. Estou citando os políticos somente como exemplo, porque são eles que mais aparecem à nossa frente falando no rádio e na televisão e, por isso, se transformam em um importante campo de estudo e de aprendizado da comunicação.

É verdade. Quando chega a época das campanhas políticas, a comunicação ganha importância especial, pois, ao vermos os candidatos desfilarem seu charme tentando conquistar o voto dos eleitores, podemos até, a partir dos seus erros e acertos, aprender mais sobre a arte de falar.

Embora o comportamento de quase todos seja muito parecido, o certo é que, enquanto uns ganham, outros perdem eleições. Você já deve ter notado como eles agem: antes de apresentar suas propostas, falam de maneira indignada das questões que afligem a população, procurando sempre encontrar os culpados para cada um dos problemas. Se for candidato da oposição, a tarefa fica mais simples, já que, nesse caso, bastará acusar quem está no poder. Se estiver comprometido com a turma da situação, precisará identificar outros culpados, que, normalmente, estarão em outros entes da federação. Por exemplo, se a campanha for para a prefeitura, as vidraças serão os governos estaduais ou o governo federal. Se, entretanto, houver a participação de correligionários de todos os âmbitos governamentais, o ataque vai se voltar para quem esteve nas gestões anteriores ou para assuntos além-mar, em que a vilã será a crise internacional.

Chega a ser curioso observar o candidato de uma cidadezinha perdida lá no interior, que tem sua campanha financiada pelo atual prefeito, revelando como aquele que ainda está no cargo foi habilidoso nas medidas que tomou para se safar das consequências da turbulência do mercado financeiro asiático. Bem, cada um luta com as armas de que dispõe. Em todos os casos, a regra é falar o que as pessoas desejam ouvir. Para isso, dependendo do tamanho da cidade, o discurso vai se nortear pelos resultados das pesquisas qualitativas, que indicarão os temas que deverão ser abordados. E, quando menciono o fato de todos tocarem em assuntos a partir do resultado de pesquisas e que serão mais bem recebidos pelas pessoas, não estou dizendo que os candidatos devam ser falsos, mentirosos e manipuladores.

Qualquer um de nós que estivesse disputando uma eleição, ao determinar uma plataforma política, entre os inúmeros problemas que pretendesse solucionar, elegeria aqueles que mais chamassem a atenção da comunidade. De nada adiantará dizer aos moradores do centro da cidade que a prioridade do governo será o saneamento básico, se o que os preocupa é a questão da segurança. Se todos os concorrentes falam o que os eleitores desejam ouvir, como explicar, então, os motivos que levam uma campanha a tornar-se vitoriosa e a outra, perdedora? Aqui é que reside o grande segredo que determinará o sucesso ou a derrota do candidato: a credibilidade.

Essa qualidade na comunicação não é responsável apenas pelas conquistas ou fracassos dos políticos: ela pode determinar os rumos da sua carreira e até o resultado dos seus relacionamentos pessoais. Portanto, o seu grande objetivo como advogado deve ser transmitir uma informação de tal forma que ela seja aceita pelos ouvintes. Assim, tenha em mente que você só conseguirá convencer ou persuadir se transmitir credibilidade em sua maneira de falar. Fica evidente que a credibilidade é um dos fatores fundamentais para o sucesso da comunicação. Por isso, é importante saber quais os requisitos para conquistar a confiança das pessoas, construir sua reputação como advogado que inspire respeito, credibilidade e fazer com que a mensagem seja aceita sem resistências.

Para que você conquiste credibilidade, falando dentro ou fora dos tribunais, precisará de pelo menos seis requisitos fundamentais:

- naturalidade;
- emoção e envolvimento;
- imagem bem construída;
- conhecimento e autoridade sobre o assunto;
- confiança;
- coerência e conduta pessoal exemplar.

Naturalidade

Essa é a mais importante qualidade da oratória do advogado. Não existe técnica em comunicação — por mais elaborada e precisa que seja — mais relevante que a naturalidade. Suponha que você seja convidado por uma faculdade de Direito a ministrar palestra em uma data especial como a "Semana Jurídica", ou discorrer sobre as últimas mudanças na legislação, ou opinar a respeito da eficácia da súmula vinculante. Em circunstâncias como essas, os professores, alunos e advogados convidados esperam que você se expresse com desenvoltura e espontaneidade. Se a plateia perceber qualquer sinal de artificialismo no seu comportamento como orador, poderá desconfiar de seus propósitos e levantar barreiras aos argumentos que você defende. Portanto, observe que, onde quer que se apresente, para construir e projetar sua imagem de um bom advogado, você precisa ser um orador natural e espontâneo.

Esse comportamento é exigido também e especialmente no exercício efetivo da atividade do advogado durante sua manifestação no Júri. Por isso, sobre esse assunto, diz com propriedade o eminente jurista Edilson Mougenot Bonfim:

"A justiça não se clona na artificialidade dos rituais do faz de conta, e agradece aos que a respeitam. (...) O Júri é vida. Ademais, deixe-se à sinceridade do momento o testemunho de uma vida de sinceridade — e não um momento forçado, de 'convocação' de sinceridade —, porque mesmo o travamento, o 'branco', ou o erro serão avaliáveis, descontados, confrontados e até elogiados pelos jurados quando o que eles buscam é esta exata sinceridade, autenticidade, muito mais que a técnica. E nenhuma pior do que querer parecer sincero, sabendo-se que participa de uma farsa. O Júri não é teatro, não".

Ao receber os advogados que pela primeira vez procuram o nosso Curso de Oratória, procuro deixá-los bem à vontade para que possam agir e se expressar exatamente como fazem no dia a dia, quando estão conversando com as pessoas mais íntimas. Assim, depois de algum tempo, é possível saber como falam com espontaneidade, sem artificialismos.

Após essa identificação inicial, posso colocá-los diante do público para fazer o que já sabem. Falta apenas aprenderem a se expressar em uma tribuna da mesma maneira como se comportam no cotidiano, ou seja, com naturalidade.

A maioria se mostra surpresa ao descobrir que é tão simples falar em público. Muitos desses advogados aparecem preocupados, imaginando que deverão enfrentar um processo de aprendizagem para serem diferentes. Outros ficam perplexos quando desvendam este precioso segredo da boa comunicação: quanto mais fizerem o que já sabem, quanto mais próximos da sua verdadeira imagem conseguirem chegar, mais eficientes serão como comunicadores.

Para saber se você consegue ser natural quando fala em público, reflita bem sobre esta questão: "Será que no exercício da minha profissão de advogado eu falo com as pessoas da mesma maneira como falaria se estivesse diante de quatro ou cinco amigos muito queridos, na sala de visitas de minha casa, tratando desse mesmo assunto?".

Fale em público como se estivesse diante de um grupo de amigos.

Se a resposta for negativa, concentre-se na ideia de estar falando para esse grupo de amigos até conseguir naturalidade.

Frequentemente, interrompo a apresentação dos advogados quando estão falando de maneira artificial e pergunto: "É assim que você se expressaria diante de um grupo de amigos?".

Como resposta, costumam sorrir, balançando negativamente a cabeça. Após essas interrupções, ajustam o comportamento até conseguirem falar com espontaneidade.

Não importa sua especialidade e a quem tenha de dirigir a palavra; nas diversas fases de um processo em que precise intervir, disponha-se a se expressar como se estivesse conversando, e não como se quisesse "falar em público".

Se pretender "falar em público", dificilmente conseguirá ser você mesmo, pois parecerá a si próprio uma pessoa estranha, com a qual não está acostumado, e esse jeito diferente de ser poderá torná--lo inseguro e distante dos ouvintes.

Roberto Lyra, no livro *Como julgar, como defender, como acusar*, além de condenar o artificialismo, ironiza os cursos que pretendem construir certos modelos oratórios para os advogados:

"Em audiências e sessões da Justiça sofro o automatismo, o esvaziamento, a despersonalização, sobretudo de jovens defensores e acusadores. Muitos deles conversam e escrevem com vivacidade crítica e criadora, mas, quando têm a palavra, superestimam o aplomb, a mímica, o ritmo domesticados. Muitos voltam ao museu 'clássico', pigarreando para limpar a garganta, espigando o corpo, ajustando a gravata, esticando o paletó. Não se transportam à tribuna como são, como estavam, ao natural. É o resultado inconfundível da mistificação dos que se propõem a formar 'oradores' até com aparelhos e apostilas, submetendo o verbo à verba, fraudando a impostação cívica, sentimental, intelectual, cultural. Degradam a arte oratória a serviço, mecaniza-se a palavra. Condicionam a força e luz da inteligência, contendo e dirigindo os arrebatamentos elementares do jurista".

Ser natural, entretanto, não significa, por exemplo, levar para a audiência os erros e as negligências da comunicação deficiente.

Os defeitos de estilo e as incorreções de linguagem de quem abraça a carreira do Direito precisam ser combatidos com estudo, experiência, disciplina e trabalho persistente. Entretanto, na procura do aperfeiçoamento, ao corrigir os defeitos de dicção, postura, gestos, você precisará ficar atento para não se desviar das suas características pessoais.

Se, quando você articular melhor as palavras, o ouvinte perceber que você está se esforçando para ter boa pronúncia, ele identificará nesse comportamento uma atitude artificial e talvez passe a duvidar das suas intenções. Da mesma forma, o gesto correto, mas conscientemente medido e planejado, ou qualquer outro procedimento percebido como técnica premeditada poderão colocar em você o mais indesejável dos rótulos: advogado artificial.

Preste atenção em como você se comporta quando está à vontade, conversando com as pessoas com as quais se relaciona no dia a dia. Depois, procure "se copiar", agindo da mesma maneira em sua vida profissional, quer em uma audiência, em um congresso, ou na reunião com outros advogados no escritório.

Entretanto, não se iluda. Embora, como eu disse há pouco, seja simples ser natural — pois basta que se apresente sendo você mesmo em todas as circunstâncias —, saiba que, de todas as qualidades de que você necessitará para falar bem, a naturalidade é a que lhe dará mais trabalho para ser conquistada. Por mais que os advogados saibam que não devem ser artificiais, no momento de falar no processo, de maneira geral, alguns perdem totalmente a espontaneidade — é quase um vício da profissão. Assim, siga as orientações que acabei de passar, que são as mesmas que tenho usado para treinar a comunicação dos advogados ao longo das últimas décadas, e não desista se sentir dificuldades. Saiba que elas aparecerão, mas também poderão ser superadas.

Emoção e envolvimento

Você já deve ter ouvido pela imprensa esportiva que "o time só vai entrar em campo para cumprir tabela". Esse antigo jargão do meio futebolístico pode ser bem aproveitado na comunicação. Advogado que fala só por falar, sem demonstrar interesse e envolvimento pela mensagem que transmite, é como um time de futebol que não precisa mais dos resultados, mas que deve jogar apenas por força de obrigação contratual.

Não cometa o erro de falar só por falar, como se fosse obrigado a se desincumbir da tarefa pesada e livrar-se de um fardo que não gostaria nunca de estar carregando. Esteja certo de que, se você falar como se estivesse apenas se desobrigando de uma incumbência, por mais extraordinária que seja sua mensagem, não conseguirá envolver e tocar as pessoas.

Portanto, para ter credibilidade como advogado, não basta falar com naturalidade. Se você falar com naturalidade, mas *apenas* com naturalidade, só irá transmitir as suas informações para os ouvintes. Quando estiver defendendo seu cliente, não desejará apenas esse objetivo, mas, sim, fazer com que sua tese seja aceita, de tal forma que os interlocutores aceitem seus princípios, abracem sua causa e comunguem com você seus ideais, sejam esses ouvintes o juiz, as eventuais testemunhas arroladas, o promotor ou os sete jurados do Conselho de Sentença. Por isso, além da naturalidade, você precisará falar com disposição, com energia, com envolvimento, com emoção. Como é que, por exemplo, em uma audiência de conciliação na Justiça do Trabalho, você conseguirá fazer valer os interesses do reclamante ou do reclamado se nem mesmo o advogado deles se mostra interessado pela própria tese jurídica? Antes de envolver as pessoas com a sua mensagem, você precisará demonstrar que também está envolvido e interessado.

Só assim, falando de maneira natural e com envolvimento, fará com que os ouvintes participem efetivamente da sua causa e poderá conseguir o que deseja: o voto do jurado, a sentença favorável do juiz, o direito do cliente, enfim, o engajamento a suas alegações. Se, por exemplo, um advogado apresentar um projeto em uma reunião, diante dos seus pares ou sócios do escritório onde atua, cuja implantação esteja cercada de riscos, exija vultosos investimentos financeiros, demande muito tempo e trabalho de todos, dificilmente esse projeto será aprovado sem que a exposição seja disposta e envolvente. Da mesma maneira, sem energia e disposição diante dos jurados, teria dificuldade para convencê-los sobre eventual causa de exclusão da ilicitude ou a inocência do seu cliente. Pois, nessas circunstâncias tomadas como exemplo, é provável que apenas a naturalidade não fosse suficiente para levar ao sucesso.

Revele sua emoção pelo entusiasmo com que abraça uma causa, pelo envolvimento que demonstra na defesa de suas ideias e pelo interesse que dedica ao assunto sobre o qual escolheu ou precisa falar.

Interprete a sua própria verdade. Transmita-a com a força da importância que ela representa. Não trate de assuntos que não mereçam sua emoção e, se resolver abordá-los porque representam um meio para atingir algum objetivo maior, concentre-se neste último. Lembre-se de que, a cada palavra, se as alegações em defesa de seu cliente não forem expostas com emoção, talvez não abram as portas que deveriam levar você ao objetivo pretendido.

Ao publicar no Brasil o livro *A influência da emoção do orador no processo de conquista dos ouvintes*, que se originou da minha dissertação de mestrado, de mesmo título, mencionei o exemplo de um advogado americano chamado Gerry Spence, que, em mais de quarenta anos de carreira, nunca perdeu uma única causa criminal. Em sua obra *Como argumentar e vencer sempre*, ele relata, a partir de sua extensa experiência, com a credibilidade de quem praticamente só obteve vitórias:

"Concentradas em seus sentimentos, as pessoas que estão dizen-do a verdade falam com o coração, que é incapaz de compor precisamente o raciocínio linear de um cérebro laborioso. E ao ouvir o que é expresso pelo coração, o ouvinte também é levado a ouvir com o coração".

Transmitir a mensagem com emoção pressupõe a coerência de todos os aspectos da comunicação. A emoção precisará estar presente em cada detalhe: na entonação da voz, na comunicação visual e no semblante, na força persuasiva da pausa, que conquista pelo silêncio a adesão do sentimento do ouvinte e o leva a refletir sobre a informação que acabou de ser comunicada.

Talvez um dos aspectos mais delicados e sutis do uso da emoção esteja no fato de que, ao se valer dela, você precisará parecer sempre verdadeiro. Reafirmo: *precisará parecer*, porque valerá pouco dizer que está triste ou alegre se os ouvintes não identificarem na sua comunicação o sentimento de tristeza ou de alegria. Por esse motivo, no exercício da sua atividade como advogado, em algumas ocasiões você deverá ser o intérprete do seu próprio sentimento, isto é, além de dizer o que sente, na maneira de comunicar o que está sentindo precisará usar toda a sua disposição, energia e vontade para que suas palavras encontrem respaldo em seu comportamento. Lembre-se de que você não comunica a mensagem a si mesmo, mas, sim, aos ouvintes, e, para que eles se envolvam com ela, precisam identificar a emoção no sentido das palavras e na demonstração do sentimento de quem as utiliza.

Não tenho nenhuma dúvida em afirmar que, se desejar ser vitorioso com sua comunicação, mais do que se comportar sempre de maneira natural e espontânea, você deverá falar também com emoção. Terá, na conjugação desses dois aspectos da comunicação — naturalidade e emoção —, a solidez de uma base consistente que permitirá atingir um dos maiores e mais importantes objetivos da comunicação do advogado: a credibilidade.

Imagem bem construída

Já parou para pensar sobre a impressão que as pessoas têm de você como advogado? Observe que estou enfatizando a impressão que elas *têm* de você, não apenas quem você é. Pouco adiantará ser um advogado honesto, dinâmico, sociável, competente e cumpridor de suas obrigações se os outros não tiverem essa opinião a seu respeito. Na política, existe a possibilidade de contar com o trabalho dos marqueteiros para fazer com que os eleitores tenham essa opinião positiva em relação ao candidato. São profissionais preparados para cuidar de todos os detalhes que possam influenciar a avaliação das pessoas, como a maneira de vestir, o jeito de falar, os temas que deverão ou não ser tratados, a forma de reagir às agressões dos adversários, enfim, todos os aspectos que construirão a imagem do candidato diante da opinião pública. Na atividade do advogado, no entanto, e nas relações pessoais, salvo exceções, cada um será o responsável pela construção da própria imagem.

Há situações em que essa imagem começa a ser construída já nos bancos escolares. É comum colegas de faculdade de Direito que se projetaram em determinadas organizações sugerirem a contratação de advogados que se formaram com eles. Por mais próximos que tenham sido, na hora de escolher aqueles que gostariam de ter a seu lado, irão preterir os que não se comportaram bem, preferindo os que entregavam trabalhos bem-feitos, eram aplicados e participativos. Da mesma forma, sua conduta no exercício da profissão, a qualidade dos trabalhos que desenvolveu, o resultado prático das causas que abraçou, das ações que propôs, o prestígio que angariou com os colegas também contribuem para formar a opinião que os ouvintes têm a seu respeito.

Além da importância dessa reputação construída ao longo de toda a vida, para que suas palavras passem confiança às pessoas, no momento em que estiver falando em público você deverá ficar sempre atento para transmitir informações que sedimentem a coerência das suas atitudes e reforcem ainda mais a imagem de um advogado que possui credibilidade. Lembre-se de que esse atributo poderá quebrar possíveis resistências dos ouvintes e torná-los mais receptivos à sua mensagem.

Conhecimento e autoridade sobre o assunto

A sua credibilidade como profissional da área do Direito está intimamente relacionada ao conhecimento que você demonstra ter sobre o assunto pela forma como se expressa. No caso de uma sustentação oral perante o tribunal, esta precisa estar embasada nas informações que você adquiriu com sua atividade profissional, experiência ou estudos realizados. Empenhe-se para ter muito mais informações do que aquelas de que necessitará em sua exposição. Leia, estude, pesquise, entreviste outros advogados, enfim, prepare-se com antecedência e durante o maior tempo possível sobre a tese jurídica que irá defender diante dos desembargadores ou ministros de tribunal superior.

Se você, por exemplo, é um advogado civilista, não se aventure em outra área antes de se inteirar das especificidades do direito material e principalmente processual da outra disciplina cuja causa pretende abraçar. Digamos que se trate, por hipótese, de uma ação trabalhista, penal ou até mesmo tributária.

Ao discursar como paraninfo da turma de bacharelandos de 1938 da Faculdade de Direito da Universidade de São Paulo, o Professor Noé Azevedo citou Henri Robert na obra *L'Avocat*. Suas observações podem ser aplicadas hoje, sem a necessidade de mudar sequer uma única vírgula:

> *"A parolagem, a prolixidade, as inutilidades são próprias de oradores desprovidos de experiência e método, que falam sem nada dizer, que não veem claramente aonde vão, nem tampouco onde devem parar. Para tratar de uma questão com clareza, concisão e nitidez, não há como o hábito da argumentação forense, baseada no estudo das causas, criando um grande poder de penetração e de apreensão rápida dos mais complexos problemas, pondo logo em plena luz o seu ponto capital".*

Lembre-se de que, se você falar sobre assuntos fora de seu campo de conhecimento, por melhor que seja a qualidade de sua comunicação, corre o risco de ser visto apenas como um presunçoso e desqualificado para a função. Esse é um fato que ocorre frequentemente com escritores que, após granjearem notoriedade em determinados assuntos, aproveitam-se da fama para se aventurarem a tratar de questões sobre as quais não têm experiência. Além de correrem o risco de fracassar na nova aventura, na maioria dos casos comprometem o bom nome que construíram. Assim, se você for atuar em um processo trabalhista, por exemplo, ainda que conheça bem os institutos jurídicos em referência, não pressuponha que o juiz esteja consciente desse seu preparo. Encontre uma maneira de fazer com que suas credenciais e experiência sejam efetivamente conhecidas.

No caso de proferir uma palestra sobre qualquer matéria do campo do Direito, seja ou não para profissionais que atuam na área específica do seu tema, se houver alguém incumbido de fazer sua apresentação, procure revisar as informações que essa pessoa irá utilizar. Desta forma, você terá certeza de que a autoridade que possui será revelada de maneira conveniente. Mesmo que tenha enviado seu currículo com antecedência, não confie que ele tenha chegado às mãos de quem fará a apresentação. Por falhas de comunicação, o apresentador poderá ter recorrido às informações disponíveis na internet ou a alguma publicação desatualizada. Ainda que tenha tomado a precaução de enviar com antecedência seu currículo, valerá a pena levar uma cópia com você, pois não é tão incomum perderem o que foi mandado.

Você será avaliado antes mesmo de iniciar sua apresentação; por isso, tenha uma conduta correta nos contatos com as pessoas. Nessas conversas preliminares, comporte-se com profissionalismo e aproveite para sutilmente falar de sua experiência no assunto que irá abordar. Lembre-se também de que a maneira amável, gentil e simpática de tratar as pessoas poderá ser um fator importante na hora da avaliação. Cuidado, entretanto, com o excesso de intimidades, pois esse comportamento poderá enfraquecer sua autoridade. A maneira como você se veste, corta o cabelo, apara a barba, usa maquiagem, assim como o comprimento da saia e tantos outros detalhes da sua aparência também podem ser determinantes na avaliação que os ouvintes farão a seu respeito. Cada época e cada região, considerando os hábitos e a cultura local, determinarão, de modo geral, como deve ser a aparência de uma pessoa confiável e de outra que precisa ser observada com reservas e desconfiança. Mais à frente você encontrará um capítulo inteiro dedicado à aparência.

Ouço com frequência pessoas criticando palestrantes que passaram boa parte da apresentação falando de seus próprios méritos. Falam dos livros que publicaram, dos cursos que realizaram, das viagens que fizeram, dos prêmios que receberam. Se, por um lado, essas conquistas reforçam a credibilidade do advogado sobre o assunto de que irá tratar, por outro o tornam antipático e desacreditado de suas intenções. Se existe um momento apropriado para usar sutileza, é o instante em que estamos diante da plateia falando de nós mesmos. Ao se apresentar diante do público, comente sobre os feitos que o credenciam a estar ali, mas seja tão sutil nessa tarefa a ponto de os ouvintes não imaginarem que esteja se vangloriando de suas conquistas. Procure incluir essas informações no contexto de alguma história para que a plateia não as perceba ostensivamente. Assim, as pessoas saberão da autoridade que você tem sobre o assunto, mas não o criticarão por presunção. Use de sutileza ao falar de si mesmo, mas não seja econômico nem tenha pudores, apenas se mostre discreto na forma de se expressar.

Embora essas informações sobre sua competência no assunto possam ser dadas a qualquer momento da apresentação, o início, entretanto, é o instante mais adequado. Ao começar a exposição, diga quais são suas credenciais para estar ali diante do público. Normalmente, revelar a área em que atua como advogado pode ser suficiente para demonstrar autoridade no assunto. Um advogado que se disponha a falar sobre Direito Tributário e se apresente como o especialista nessa área no escritório que representa naturalmente estaria credenciado a tratar do tema. Sua credibilidade poderia ser ampliada se contasse alguma história da época em que fez curso de pós-graduação em Direito Tributário, ou de quando participou de um congresso internacional sobre planejamento de ações tributárias em grandes corporações. Além dessa propaganda quase subliminar do seu conhecimento sobre o tema, valerá muito o modo como abordará o assunto.

A forma convicta de se expressar, a segurança com que constrói o raciocínio, a maneira correta como elabora as frases, conjuga os verbos, faz as concordâncias ajudarão a projetar uma imagem positiva e confiante. Por isso, prepare-se o máximo que puder para falar sobre um tema. Aprenda de tal forma a matéria que sobrem informações. Talvez você nem as utilize, mas esse conhecimento adicional contribuirá para que se sinta ainda mais seguro e conquiste confiança e credibilidade.

Como disse o Professor Clovis Paulo da Rocha no seu discurso como paraninfo da turma da Faculdade Nacional de Direito da então Universidade do Brasil:

"O advogado, antes de aparecer em Juízo com uma causa cível, já foi o magistrado que no seu gabinete a estudou, apreciou sua moralidade e sua justiça, e aquiesceu em dar-lhe o seu patrocínio. Julgou, antes que fosse sobre ela proferida decisão oficial. Para bem exercer sua função é mister o conhecimento exato da sua ciência e, uma vez aceita a causa, deve identificar-se com ela, dedicar-se, estudá-la e apresentá-la com roupagem escorreita e com todos os ângulos ou feições jurídicas devidamente apreciados, a fim de que possa obter o necessário êxito."

Aproveite todas as oportunidades para demonstrar a consistência do seu conhecimento. Use estatísticas e pesquisas de fontes idôneas, exemplos fiéis, que possam ser comprovados. Seja muito cuidadoso com os números e os dados que apresentar, pois uma falha no resultado de um estudo técnico, por exemplo, poderá pôr tudo a perder.

Se encontrar objeções a seu ponto de vista, demonstre que possui conhecimento das posições contrárias e que não tem receio de discutir argumentos diferentes dos seus nem interesse em se esquivar da ponderação dessa análise.

Prepare-se da melhor maneira que puder para fazer a apresentação. Ensaie todos os detalhes, teste os equipamentos que pretende utilizar, revise as anotações, enfim, não deixe nada ao acaso. Esse preparo demonstrará que você é um advogado competente que possui atitude profissional. Os ouvintes o respeitarão ainda mais por esse planejamento e por essa organização.

Assim, é importante ter autoridade no assunto que será apresentado, mas os ouvintes só confiarão nas palavras que você disser se constatarem que possui esse conhecimento. Precisam saber que o assunto é fruto da experiência que você adquiriu, de suas pesquisas, das atividades que desenvolve ou desenvolveu, das causas que abraçou, das audiências de que participou. Quando as pessoas perceberem que você domina naturalmente o conteúdo da mensagem, aceitarão sua autoridade e respeitarão sua competência. Demonstre conhecimento, fale com convicção e conquiste credibilidade.

Confiança

Anthony Giddens, na obra *Modernidade e identidade*, afirma que "Aprender a tornar-se um agente competente — capaz de se juntar aos outros em bases iguais na produção e reprodução de relações sociais — é ser capaz de exercer um monitoramento contínuo e bem-sucedido da face e do corpo".

Deduz-se, portanto, que, para o indivíduo sentir-se competente, precisa manter o domínio sobre o corpo em todas as situações sociais. Além disso, o autor afirma que "ser um agente competente significa não só manter tal controle contínuo, mas ser percebido pelos outros quando o faz".

Temos aqui dois pontos distintos a serem observados para a mesma condição:

- o primeiro é que a pessoa precisa monitorar sempre o seu corpo para que se sinta com o domínio das ações e se mostre competente e confiante. É uma espécie de porto seguro que dará a ela tranquilidade e confiança;
- o segundo está no fato de que esse domínio deve ser percebido pelos outros.

Se, por acaso, a primeira condição não puder ser atendida, ou seja, a pessoa não conseguir manter o controle do corpo, ela perderá sua proteção, e sua confiança básica será ameaçada. Consequentemente, a segunda condição será afetada, pois os outros perceberão esse descontrole e poderão desconfiar da sua competência.

Se o advogado não tiver ou não demonstrar confiança ao falar, poderá indicar essa falta de segurança pelo desconforto, pela hesitação, pelo nervosismo ao se apresentar. Por isso é tão importante combater o medo de falar.

Temos de considerar ainda que o número de advogados que aproveitam a oportunidade para fazer sustentação oral é muito baixo, menos de 10%. Uma boa parte não se vale desse recurso porque está convencida de que, com ele, a sua causa não terá nenhuma vantagem. Outros alegam questões financeiras. Alguns ainda argumentam que a sustentação oral, além de ser perda de tempo, pode atrasar o julgamento. Se essas justificativas forem sinceras, mesmo podendo ser questionadas, precisam ser respeitadas, pois é a decisão que cabe a cada profissional. Entretanto, se o advogado não faz a sustentação oral por causa do medo de falar em público, estará deixando de exercer a advocacia em sua plenitude.

Em palestra proferida a alunos que se formavam em nosso Curso de Oratória, especialmente advogados, Waldir Troncoso Peres os instiga a enfrentar o medo:

> "O advogado que tiver a capacidade de romper a barreira do medo, que é um fantasma inexistente, que é uma ficção do espírito, que é uma fantasia da alma, e que não existe; ele está se fortalecendo interiormente, está conquistando maior capacidade de liderança, ele pode ter um influxo maior no meio ambiental, ele expande seu espírito que não pode ficar contido dentro de lindes, dentro de limites muito estreitos. É fonte catártica, purificadora da alma, é uma forma de, na expressão sartreana, existir".

Realmente o medo de falar em público não combina com a profissão do advogado. Por isso, vamos verificar como funciona o mecanismo do medo, quais são suas causas, como agir para combatê-lo e, a partir daí, conquistar confiança.

O medo é um mecanismo natural de defesa que foi aperfeiçoado pelo homem desde os tempos mais primitivos. Naquela época, por exemplo, quando as pessoas viam um raio caindo, com receio de ser atingidas, fugiam para se proteger. Com o tempo, o organismo foi aprendendo a se preparar para poder fugir mais depressa. Então, quando o homem via o raio caindo e ficava com medo, antes que começasse a fugir ocorria uma descarga de adrenalina que aumentava a pressão sanguínea, fortalecia os músculos e o preparava para uma fuga mais rápida.

Nós herdamos esse mecanismo de defesa. Hoje, quando sentimos medo, sofremos uma descarga de adrenalina para que possamos nos movimentar mais depressa, enquanto ela vai sendo metabolizada. Só que, no caso do falar em público, ou até mesmo em situações mais reservadas, como diante do juiz, o advogado sente medo, sofre a descarga de adrenalina — para que possa se movimentar mais rápido durante a "fuga" —, mas não pode fugir. Por isso, a adrenalina permanece um tempo maior no organismo e provoca a confusão que todos conhecemos: as pernas tremem, as mãos suam, o coração bate mais forte, a voz enrosca na garganta e até os pensamentos maravilhosos que eram tão claros antes de falar desaparecem nessas circunstâncias.

Agora que entendemos o mecanismo do medo, fica mais simples compreender as suas causas na hora de falar em público.

São três os motivos do medo de falar em público:

1. Falta de conhecimento sobre o assunto

Se você não conhecer todos os detalhes do processo em que está envolvido, durante a apresentação estará sempre seguindo por um caminho desconhecido, com receio de esquecer algum dado importante ou até de que apareça uma questão para a qual não teria resposta apropriada. Temendo que esse fato possa mesmo ocorrer, entra em funcionamento o mecanismo do medo e, como consequência, a descarga de adrenalina para "proteger" você.

2. Falta de prática no uso da palavra em público

Se você não tiver experiência no uso da palavra nas situações em que um advogado precisa se apresentar, estará desenvolvendo uma atividade desconhecida diante das pessoas e, muito provavelmente, ficará temeroso de fazer mal esse trabalho, pois, se não se sair bem, sua imagem também poderá ser prejudicada. Com receio de que o resultado possa ser esse, mais uma vez entra em funcionamento o mecanismo do medo e, como consequência, a presença da adrenalina para "proteger" você.

3. Falta de autoconhecimento

Nós não nos conhecemos. Principalmente quando estamos diante de uma plateia é que não sabemos mesmo quem somos.

Temos internamente dois oradores distintos: um real e outro imaginado. O real é o verdadeiro, aquele que as pessoas veem efetivamente. O imaginado é fruto da nossa imaginação, aquele que nós pensamos que as pessoas veem quando falamos. Esse orador imaginado é construído principalmente pelos registros negativos que recebemos — os momentos de tristeza, de derrota, de cerceamento pelos quais passamos ao longo da vida. Esses registros formam uma autoimagem negativa, distorcida, diferente da imagem verdadeira que possuímos. O orador imaginado se apoia nessa autoimagem e, por isso, normalmente é também muito negativo. Como consequência, ficamos com receio das críticas e julgamos que as pessoas estão censurando nossa apresentação. Temendo estar passando por essa situação, ficamos com medo e, mais uma vez, a adrenalina surge para nos defender.

Como combater o medo de falar em público

Conhecendo as causas do medo de falar em público, fica um pouco mais fácil encontrar o caminho para combatê-lo.

1. Conheça o assunto com profundidade

Conforme vimos há pouco, conhecer e demonstrar conhecimento sobre o assunto é fundamental para que o advogado tenha credibilidade quando precisar fazer uso da palavra. Esse é também um ingrediente básico no combate ao medo de falar em público.

Por isso, conheça sempre muito bem as causas que irá defender e os processos em que estará envolvido. Saiba muito mais do que deverá expor; não se limite às informações básicas. Vá mais além e deixe sobrar matéria para a sua exposição. É preciso contar com um estoque de assunto para que tenha tranquilidade e fale com confiança.

Saiba também organizar a sequência da apresentação. Divida sua exposição em quatro ou cinco etapas e tenha consciência das informações que deverão compor cada uma delas. Conhecer e dominar a sequência da apresentação dá mais confiança e ajuda a dominar o medo.

2. Pratique e adquira experiência

Aproveite todas as oportunidades para falar dentro e fora dos tribunais. Tome a iniciativa de falar com os clientes do escritório, faça perguntas nas palestras a que assistir, aceite convites para expor trabalhos universitários, apresentar oradores, dar avisos, enfim, sempre que tiver chance de falar em público, mesmo que se sinta constrangido, vá em frente e fale. Você precisa de prática para ter segurança e combater o medo.

3. Identifique suas qualidades

Nós temos, geralmente, muita competência para identificar nossos defeitos, mas dificilmente conseguimos enxergar nossas qualidades. Por isso, aprenda a conhecer suas qualidades. Veja se você tem boa voz, bom vocabulário, boa expressão corporal, presença de espírito, humor, raciocínio bem ordenado, enfim, descubra suas qualidades de comunicação e, a partir delas, encontre segurança para falar.

O medo não desaparece

Você poderá combater e dominar o medo de falar, mas ele sempre estará por perto. Com essas três regrinhas que acabamos de estudar, você reduzirá o excesso de adrenalina e ficará mais tranquilo para falar. Essa quantidade reduzida de adrenalina poderá se transformar em energia positiva que o ajudará a falar com mais envolvimento e emoção. Domine o medo de falar, seja um advogado mais confiante e passe a colecionar causas vencedoras.

Coerência e conduta pessoal exemplar

Além da naturalidade, da emoção, do cuidado com a construção da imagem, da demonstração de conhecimento sobre o assunto e da confiança, há um sexto requisito essencial para que você, como advogado, conquiste a credibilidade: ter uma conduta exemplar.

"Sabem, padres pregadores, por que fazem pouco abalo os nossos sermões? Porque não pregamos aos olhos, pregamos só aos ouvidos. Por que convertia o Batista tantos pecadores? Porque, assim como as suas palavras pregavam aos ouvidos, o seu exemplo pregava aos olhos."

Essas palavras de padre Vieira, no *Sermão da Sexagésima*, definem perfeitamente o significado de conduta exemplar. Para que as suas palavras como advogado tenham credibilidade, devem encontrar respaldo no seu exemplo pessoal.

Permita-me citar como exemplo, mais uma vez, os políticos. Durante as campanhas eleitorais, é muito comum observarmos o uso de uma conhecida tática: um candidato procura descobrir na vida dos adversários algum fato que demonstre atitudes diferentes daquelas que as palavras deles comunicam. Por isso, frequentemente, ouvimos histórias de casos de adultério, de participação em reuniões com grupos racistas, depoimentos de pessoas que convivem com um dos candidatos, acusando-o de agressivo, intolerante, desonesto ou de possuir qualquer outro comportamento que evidencie divergências entre a conduta pessoal e a mensagem do discurso dele. Quando essas acusações são comprovadas, ou pelo menos entendidas como verdadeiras, o candidato perde a credibilidade e, às vezes, até a eleição.

A falta de conduta exemplar compromete a credibilidade.

Não importa de que lado esteja ou a causa que abrace. Para conquistar credibilidade, suas palavras como advogado precisam ter respaldo e se basear numa conduta pessoal exemplar. Essa qualidade é importante em todas as profissões, mas na atividade do advogado é vital.

O conceito de conduta exemplar está associado à coerência, isto é, você deve demonstrar nas suas atitudes que age da maneira como fala. As pessoas não confiariam em você se fizesse uma pregação liberal, sugerindo que todos devem ser livres para agir de acordo com as aspirações que possuem, se no dia a dia seu comportamento não correspondesse a essa filosofia de vida. Ser coerente também não significa apenas ser uma pessoa boazinha, compreensiva e caridosa. Embora essas qualidades se tornem úteis na conquista da credibilidade, nada impedirá que o advogado que não possua essas características seja confiável, pois contará muito o fato de ele ser coerente.

Alguns advogados que se mostram argutos num determinado momento, utilizando subterfúgios e mentiras para sair de situações que poderiam comprometer sua reputação, descobrem com o tempo que essa atitude pouco contribuiu para uma imagem de credibilidade. Por isso, não negligencie, não faça promessas que não possa cumprir, nunca deixe de cumprir o que prometeu, mesmo que para isso tenha de arcar com prejuízos. A imagem de um advogado confiável leva anos, até uma vida inteira para ser construída, e se transforma em um dos atributos mais valiosos de que se pode dispor. Um advogado confiável é recebido sem restrições e encontra as portas abertas para transitar da maneira que julgar mais conveniente. Se, por uma fatalidade, um dia for alvo de injustiça, terá sua consciência tranquila de que agiu sempre com retidão e honestidade. Essa é a melhor defesa com a qual poderá contar, e será só uma questão de tempo para que a verdade prevaleça. Quando estiver diante de uma ou duas pessoas no exercício de suas atividades, ou falando para uma plateia transmitindo uma mensagem que se baseia nas suas convicções mais profundas, os ouvintes perceberão na sua inflexão de voz, no seu olhar, nos seus gestos, que está defendendo ideias nas quais acredita. Por isso, ao falar em público, diante de um pequeno ou grande número de pessoas, seja natural, fale com emoção, use sua imagem bem construída, demonstre conhecimento sobre o assunto, mostre confiança e transmita mensagens que encontrem respaldo em suas atitudes. Além de ser útil para a qualidade da sua comunicação, a credibilidade trará sempre benefícios para sua carreira de advogado e para o seu relacionamento pessoal.

Capítulo 2

A voz

Arturo Majada, na obra *Oratória forense*, diz com propriedade sobre a voz do advogado:

> *"O tom oratório deverá ser semelhante a uma conversação interessante e animada, com toda naturalidade. É absurdo que se abandone o tom natural de falar e expressar-se no tribunal de maneira artificial e estudada, com uma cadência estranha, falsa, diferente da voz que se usa no dia a dia".*

Portanto, todos os aspectos técnicos abordados para a qualidade da voz do advogado deverão considerar acima de tudo a naturalidade da sua comunicação.

Para usar a voz de maneira correta e apropriada na comunicação, é preciso conhecer bem suas características e seu funcionamento.

O aparelho fonador é uma adaptação de partes dos aparelhos digestório e respiratório. Portanto, quando você fala, não apenas ele, mas todo o organismo passa a funcionar e a expressar, por meio da voz, seu comportamento físico e emocional. Por isso, a voz identifica o que ocorre no nosso interior. Ela revela se estamos alegres, tristes, apressados, calmos, nervosos, hesitantes, convictos. Nem preciso ressaltar a importância para a profissão do advogado do fato de revelar ou não esses sentimentos pela voz.

No estudo da voz serão analisados os seguintes itens:

- a respiração;
- o funcionamento do aparelho fonador;
- a nossa voz, uma desconhecida;

- aprenda a colocar a voz;
- pronuncie bem as palavras;
- ajuste o volume;
- encontre a sua velocidade;
- alterne o volume e a velocidade;
- ponha ênfase nas palavras;
- a pausa na comunicação;
- o que fazer com o sotaque;
- como usar bem o microfone.

Ao final do livro, há, ainda, um conteúdo extra sobre este tema. Não se esqueça de conferir.

Pronuncie bem as palavras

Tenho observado que, quase sempre, os advogados pronunciam mal as palavras por simples negligência. Como conseguem ser compreendidos pelos familiares e por outras pessoas de seu relacionamento mais próximo, como outros advogados com quem durante anos trabalham no mesmo escritório, acomodam-se e passam a omitir sons de sílabas e até de palavras inteiras.

Pronunciando corretamente as palavras, você atingirá dois objetivos:

1. Será mais bem compreendido

Pronunciando corretamente as palavras, você será mais bem compreendido pelos ouvintes. Um dos motivos da desatenção das pessoas é a dificuldade para compreender a mensagem por causa da dicção defeituosa. Se você tiver boa pronúncia, os ouvintes não precisarão fazer esforço para compreendê-lo e poderão acompanhar suas informações com mais interesse.

Ouço com frequência advogados reclamando da suposta desatenção dos juízes de instâncias superiores. Dizem que, por mais bem embasada que seja sua fundamentação jurídica, ao fazerem a sustentação oral de suas peças não são ouvidos. Muitos desses advogados, entretanto, se expressam com dicção tão defeituosa que seria difícil alguém sentir prazer em ouvi-los, tratando-se ou não de um juiz desse grau de jurisdição.

2. Aumentará sua credibilidade

Freud fez uma afirmação muito interessante: "O inconsciente de um ser humano pode reagir ao inconsciente de outro sem passar pelo consciente". Alguns aspectos da nossa comunicação transmitem ao inconsciente dos ouvintes quem somos, que tipo de educação recebemos, qual a formação que tivemos. Por isso, normalmente somos julgados também pela forma como pronunciamos as palavras. Funciona como um importante subtexto na comunicação. Se você pronunciar as palavras de forma correta, poderá ser visto como um advogado bem preparado, com boa formação, ou identificado como alguém que conviveu com pessoas de bom nível.

Ora, se a boa dicção identifica essa imagem de uma pessoa bem preparada, indiretamente também poderá aumentar sua credibilidade como profissional, pois, se você é bem formado e tem um bom preparo, supõe-se que deva ser um advogado competente.

A primeira providência é verificar se você apresenta problemas na pronúncia dos sons das palavras e quais são essas incorreções. Em seguida, trabalhe no sentido de corrigir os defeitos de dicção, procurando articular o som das palavras da melhor maneira possível.

Um bom exercício para ajudá-lo a conseguir uma pronúncia correta é pôr um obstáculo na boca (dedo, pedaço de rolha cortado como se fosse uma fatia) e ler um texto, procurando articular as palavras da melhor forma que puder. Prenda o obstáculo entre os dentes, sem imprimir muita força, apenas o suficiente para que ele não escape. Para dar uma ideia de como o obstáculo deve ser usado, se fizer o exercício com o dedo, dobre o indicador e ponha-o entre os dentes, com o nó do dedo dentro da boca. Cuidado para não forçar, é só para dar uma ideia de como o exercício deve ser feito. Se ficar a marca dos dentes no dedo, é porque você está usando força excessiva. Ficou famoso o caso de um governador de São Paulo que, desejando resolver rapidamente seu problema de dicção, fez com tanta força exercícios com um lápis na boca que acabou quebrando um dente. Uma grande ironia: foi se dedicar à dicção e acabou comprometendo a dentição.

Faça o exercício todos os dias, de dois a cinco minutos, com o auxílio de textos de jornais, revistas ou livros e de um gravador. Este irá ajudá-lo a detectar os defeitos de pronúncia e medir seus progressos.

É mais importante que você faça exercícios por pouco tempo todos os dias do que se dedicar por horas a fio apenas de vez em quando.

Na leitura, a pronúncia das palavras é sempre melhor do que na fala de improviso. Por isso, use o gravador em algumas de suas conversas mais descontraídas, quando estiver falando ao telefone com algum cliente ou com outros advogados. Assim, saberá se os progressos sentidos com a ajuda dos exercícios estão sendo incorporados à sua fala do dia a dia.

Outro exercício excelente para melhorar a dicção, principalmente para aprimorar a pronúncia do "r" final, que geralmente é o som que mais se suprime, é fazer uma relação de substantivos com terminações em ar, er, ir e or e uma outra com verbos com as mesmas terminações. Como o "r" final dos substantivos é mais fácil de ser pronunciado, por extensão o exercício irá gradativamente lhe proporcionar habilidade semelhante para pronunciar o "r" final dos verbos.

Faça inicialmente exercícios com essa relação da maneira como está, em seguida alterne a posição dos substantivos e dos verbos dentro da mesma terminação e, com o tempo, vá acrescentando outros para ampliar seu treinamento. Pronuncie em voz alta o substantivo, em seguida, o verbo. Você deverá dizer cinco vezes cada conjunto de substantivo e verbo. Por exemplo, bar — casar, cinco vezes; em seguida, Guiomar — falar, cinco vezes; até completar a relação. Ao finalizar cada série com as respectivas terminações, pronuncie apenas os verbos e avalie o esforço que ainda precisa fazer. Realize os exercícios até que consiga pronunciar o "r" final dos verbos com a mesma naturalidade com que pronuncia o "r" final dos substantivos:

Exercício de dicção

substantivos	verbos
terminados em *ar*	terminados em *ar*
bar	julgar
Guiomar	falar
lugar	ganhar
mar	processar
pomar	tirar

substantivos	verbos
terminados em *er*	**terminados em *er***
parecer	conter
ser	fortalecer
prazer	manter
suéter	responder
repórter	ter

substantivos	verbos
terminados em *ir*	**terminados em *ir***
elixir	fugir
tapir	latir
Jurandir	pedir
Nadir	possuir
Samir	ruir

substantivos	verbos
terminados em *or*	**terminados em *or***
amor	compor
promotor	dispor
calor	pôr
isopor	recompor
motor	supor

Atenção para a naturalidade. A pronúncia correta das palavras deve ocorrer naturalmente, sem que as pessoas percebam qualquer esforço por parte de quem fala. Esse cuidado é tão importante que vou dar um conselho direto: enquanto não tiver desenvolvido uma boa dicção, prefira pronunciar as palavras de maneira defeituosa a dizê-las corretamente, mas de forma tão artificial que o ouvinte perceba seu esforço. Lembre-se sempre de que a naturalidade é um dos mais importantes atributos da comunicação do advogado e um dos principais requisitos para que os ouvintes acreditem na mensagem. Nos intervalos para o café no nosso Curso de Oratória, fico atento à maneira de falar dos alunos. Quando percebo que alguém, em uma conversa que deveria ser bem descontraída, está forçando a pronúncia das palavras, dou a essa pessoa uma orientação reservada, mostrando que precisa falar com naturalidade, sem a preocupação consciente de articular todos os sons.

Ajuste o volume

O volume de voz é ideal quando está adaptado a cada tipo de circunstância. Não deve ser elevado se falamos para um grupo de poucas pessoas nem reduzido diante de uma grande plateia, em um auditório sem microfone.

As salas dos tribunais, de reuniões e de convenções são diferentes umas das outras; por isso, uma das suas primeiras preocupações quando chegar ao local da apresentação deverá ser analisar rapidamente a acústica da sala, o tamanho do ambiente, a que distância estará o último ouvinte e verificar se existe ou não microfone. A partir dessa avaliação simples, saberá qual o volume de voz mais apropriado para aquele recinto.

Nos grandes auditórios, é conveniente valer-se da ajuda de uma outra pessoa, de maneira que esta se posicione no fundo da sala e, com um sinal combinado, possa dizer se o volume da voz está bom, se precisará aumentá-lo ou reduzi-lo.

Se o público não ouvir bem o que você estiver dizendo e tiver de se esforçar para compreender a mensagem, perderá o interesse pela apresentação. Por outro lado, ficará irritado e vai se sentir desconfortável se você falar com volume de voz demasiado alto, muito acima do necessário, a ponto de importuná-lo. Entretanto, quase sempre é conveniente falar um pouco mais alto do que seria suficiente para as pessoas ouvirem, para demonstrar interesse, motivação, entusiasmo pela mensagem. Sempre tomando cuidado para não exagerar. Lembre-se também de que pessoas mais idosas têm maior dificuldade para ouvir; por isso, diante desse tipo de plateia, aumente um pouco mais o volume da voz. Tenho encontrado advogados que erram nos dois extremos: alguns falam alto demais, como se estivessem diante de um grupo de surdos; outros falam sempre muito baixo, demonstrando uma inibição ou um desinteresse que não convém ao profissional da área do Direito e dificultando o entendimento da mensagem que transmitem.

Tive um aluno promotor de Justiça na região do ABC, que fica próxima da Capital de São Paulo. Em toda a sua carreira, nunca fora derrotado em uma causa sequer. Era um artista da oratória. Para impressionar os jurados, protagonizava verdadeiros espetáculos, como deitar no chão para mostrar como a vítima do crime havia sido atingida; ou correr de um lado para outro da sala do tribunal para que os jurados pudessem perceber o desespero da vítima tentando fugir do assassino. Depois de algum tempo, entretanto, por falar tão alto, sua voz começou a dar sinais de cansaço e falhar. O médico otorrinolaringologista lhe havia dito que, se continuasse falando nos julgamentos com aquele volume tão elevado, poderia ficar sem voz para sempre. Ele ficou desesperado, pois atuar no Tribunal do Júri condenando criminosos era sua razão de ser. Além disso, não conseguia se apresentar sem falar daquela maneira. Era um caso delicado, para o qual eu deveria encontrar uma saída sem comprometer o estilo de atuação do meu aluno. Depois de estudar com cuidado a forma como ele costumava se apresentar, a solução até que foi simples. Só exigiu que ele se acostumasse com um novo procedimento. Toda vez que ele queria chamar a atenção para um dado que julgava importante, costumava se afastar dos jurados e falar bem alto. Meu conselho foi que mudasse o comportamento. Em vez de se afastar sempre para falar mais alto, que de vez em quando alternasse a conduta e se aproximasse para sussurrar como se fosse contar um grande segredo. Ele estranhou um pouco no início, mas a necessidade não deixou alternativa. Tempos depois me procurou para dizer que o novo método estava aprovado, pois conseguiu poupar a voz sem deixar que os criminosos escapassem.

Encontre a sua velocidade

Você tem uma velocidade própria para falar. Ela dependerá da sua emoção, de como respira e articula os sons, pois, quando a pronúncia das palavras é boa, você poderá ser compreendido mesmo que fale um pouco mais rapidamente, ao passo que, se tiver deficiência de dicção, precisará falar mais devagar para ser entendido.

Outro fator que influencia a velocidade da fala é a característica da mensagem comunicada. Assim, se você disser: "A criminalidade se descontrolou e subiu rápido como um raio", pronunciará rapidamente a informação, para interpretar de forma adequada o seu sentido. Entretanto, se você disser: "O dia demorou a passar e ele, hesitante, caminhou várias vezes, cabisbaixo e sem pressa, em frente ao portão da sua casa", pronunciará lentamente a mensagem para melhor identificá-la.

Se você fala muito rápido ou muito lentamente, é claro que procurará corrigir a velocidade para torná-la mais apropriada à comunicação; porém, observe se essa mudança não irá agredir seu modo de ser. Você não teria vantagens reduzindo ou aumentando a velocidade da fala se essa alteração prejudicasse, por exemplo, a desenvoltura do seu raciocínio. Se, depois de refletir sobre esse assunto, achar conveniente não modificar a velocidade de sua fala, analise estas sugestões:

- se você fala rapidamente e deseja permanecer com essa velocidade, procure pronunciar cada vez melhor as palavras e crie o hábito de repetir as informações importantes pelo menos mais uma vez, com termos diferentes, para que o público entenda bem a mensagem. Mesmo falando depressa, será possível fazer pausas no final de um pensamento ou de uma informação importante. Essas pausas expressivas ajudarão os ouvintes a refletir sobre o que você acabou de falar;

- se você fala lentamente nas conversas com os clientes, com os colegas advogados nas reuniões do escritório ou com os jurados no Tribunal do Júri, sente-se bem com esse estilo e pretende continuar assim, procure olhar para os ouvintes durante as pausas mais prolongadas para não perder o contato com eles. Especialmente depois das pausas mais longas, ao reiniciar, pronuncie com ênfase e energia as primeiras palavras. Esse recurso indicará que você não ficou em silêncio porque houve falta de vocabulário e ajudará a valorizar a maneira como se expressa.

Portanto, se observar esses cuidados, poderá continuar falando depressa ou devagar e aproveitar sua característica para construir um estilo positivo de comunicação. Conheço advogados bem-sucedidos que falam devagar e outros que se expressam muito rápido. Todos eles, entretanto, souberam se valer da técnica apropriada para fazer da sua velocidade uma característica positiva na maneira de se apresentar.

Alterne o volume e a velocidade

Aqui reside um dos maiores de todos os segredos da fala. Ao se manifestar nos processos, nas palestras ou em qualquer outra circunstância, atuando ou não como advogado, você deverá alternar o volume da voz e a velocidade da fala. Em certos momentos, poderá falar com o volume de voz elevado; em outros, reduzi-lo, quase sussurrando. Poderá também falar rapidamente e, logo em seguida, de maneira mais lenta, chegando até a promover pausas prolongadas.

Essa alternância do volume e da velocidade proporciona um colorido especial à fala, e, com esse ritmo agradável, será possível motivar e envolver mais facilmente os ouvintes.

Se você se apresentar falando com o mesmo volume e a mesma velocidade, a comunicação vai se transformar em um tipo de cantilena aborrecida, que poderá tirar o interesse do público sobre o assunto tratado e, pior ainda, em alguns casos até fazê-lo dormir. Advogado que se expressa com esse tom monocórdio não pode reclamar da sonolência dos juízes ou dos jurados.

Algumas pessoas cometem o erro de fazer pausas desnecessárias a cada palavra ou a cada grupo de duas ou três palavras, quebrando, assim, o ritmo da apresentação. Dizem, por exemplo: "Hoje (*pausa*) nós (*pausa*) estamos aqui (*pausa*) para (*pausa*) comemorar (*pausa*) o aniversário (*pausa*) da nossa organização".

Como a maioria dos que agem assim não tem consciência do erro que comete, sugiro que você analise a sua comunicação e observe se faz o mesmo. De preferência, grave algumas frases pronunciadas de improviso, como essa do exemplo, em que são informados os motivos da presença do público em uma reunião.

Veja algumas sugestões:

- "Sinto-me feliz em representar os colegas que compõem a Associação dos Advogados para fazer uma justa homenagem a um companheiro de profissão".
- "É com imenso prazer que nos reunimos para comunicar a promoção do Dr. Antonio Augusto dos Anjos para a chefia do departamento financeiro do nosso escritório em Milão."
- "Convoquei esta reunião logo na primeira hora da manhã para estudarmos os prazos dos processos que estão em andamento no fórum central."

Se observar que a sua fala está truncada, com interrupções excessivas, procure dividir as sentenças em duas partes e faça a pausa apenas no local da divisão, lendo a frase toda com duas inspirações de ar.

A primeira frase poderia ser assim:

"Sinto-me feliz em representar os colegas que compõem a Associação dos Advogados (*pausa*) para fazer uma justa homenagem a um companheiro de profissão."

Um excelente exercício para melhorar o ritmo da fala é declamar poesias em voz alta. A cadência, a melodia, a pausa e o ritmo da poesia, com o tempo, se incorporam ao estilo da comunicação, tornando-a mais agradável.

Ponha ênfase nas palavras

O sentido das palavras deve estar associado à forma como são pronunciadas. Se você comunicar que algo é grande, precisará pronunciar a palavra "graaaannde", de maneira tal que possa exprimir seu verdadeiro significado. Assim como deverá dizer "amor" com suavidade, "raiva" com veemência, e ter o mesmo cuidado com outras expressões que sejam relevantes na interpretação da mensagem. Precisará, portanto, pronunciar as palavras com a entonação e o sentimento que caracterizam o sentido que trazem.

Dárcio Campos, que atuou praticamente a vida toda como radialista, dono de uma das vozes mais bonitas e expressivas da história do rádio brasileiro, disse, em contato com os alunos do nosso Curso de Oratória, que aprendeu desde muito cedo que, se quisesse continuar trabalhando em rádio, deveria manter os patrocinadores e que, para preservá-los, precisaria vender bem seus produtos. Para isso, descobriu como era importante interpretar o sentido de cada palavra. Ilustrando o que dizia, contou que usava uma entonação em um comercial de sabão — pronúncia objetiva e seca — e outra diferente em um de sabonete — pronúncia suave e melodiosa.

Dentro de cada frase, você encontrará sempre uma ou algumas palavras que têm valor mais expressivo para a mensagem comunicada. O destaque que dará a elas informará ao público o que deseja expressar. Por isso, se ressaltar uma palavra, a frase terá um sentido; se destacar outra, poderá mudar totalmente o significado do que estiver falando.

Analise esta frase:

Os processos foram levados ao escritório pelos estagiários.

Observe como o sentido da mensagem seria modificado se o destaque fosse dado a palavras diferentes.

Para ler as frases, mude o volume de voz nas palavras destacadas e faça pausas expressivas antes ou depois de pronunciá-las:

Os processos foram levados ao escritório pelos estagiários.

Os processos **foram levados** ao escritório pelos estagiários.

Os processos foram levados **ao escritório** pelos estagiários.

Os processos foram levados ao escritório **pelos estagiários.**

Para destacar uma palavra dentro da frase, você poderá fazer uso de alguns dos seguintes recursos:

Pronunciar a palavra com mais ou menos intensidade

Quando você coloca mais ou menos intensidade na pronúncia de uma palavra, ela se destaca das demais.

Embora seja mais comum destacar uma ou duas palavras na frase, pode ocorrer também de a frase toda ser importante dentro da mensagem e, por isso, a sentença inteira precisa ser destacada. Se você pronunciar a frase toda com mais ou menos intensidade, ela se destacará no contexto da mensagem.

Pronunciar mais pau-sa-da-men-te as sílabas da palavra

Quando você pronuncia pau-sa-da-men-te as sílabas da palavra, ela se destaca dentro da frase.

Assim como no caso anterior, além de uma palavra determinada, quando você desejar pôr uma frase toda em destaque, poderá pronunciar pausadamente todas as sílabas de todas as palavras. Vale ressaltar que, para destacar uma frase inteira dentro da mensagem, este recurso de pronunciar pausadamente as sílabas das palavras, de maneira geral, apresenta melhores resultados que o uso de mais ou menos intensidade sugerido há pouco. Por exemplo, se você desejasse enfatizar que as metas necessariamente precisariam ser cumpridas, poderia pronunciar a frase toda de maneira pausada: *As me-tas pre-ci-sam ser cum-pri-das cus-te o que cus-tar*. Assim, a frase se destacaria dentro da mensagem.

O recurso de pronunciar pausadamente as sílabas de uma ou mais palavras poderá ser muito útil também quando você já tiver usado bastante volume de voz em uma frase anterior e precisar valorizar ainda mais a frase seguinte, mas julgar demasiado fazer uso de um volume mais intenso. Será possível dar mais ênfase à próxima frase usando o mesmo volume de voz que usou na anterior, mas pronunciando pausadamente as sílabas das palavras. Dessa forma, a frase terá mais ênfase por contar com dois recursos simultaneamente: o volume de voz e a pronúncia pausada das sílabas.

Destacar a palavra entre pausas

Fazer uma pequena pausa antes e outra depois da palavra. Assim, ela se destacará naturalmente. Por exemplo:

Nós queremos incrementar um novo programa de (*pausa*) avaliação (*pausa*) dos novos advogados.

Colocada entre as pausas, a palavra "avaliação" será ressaltada. Este recurso tem a vantagem de, além de destacar a informação importante, criar, mesmo em uma fração de segundo, expectativa sobre a palavra que será transmitida.

A pausa na comunicação

Seria quase impossível você, como advogado, falar com naturalidade sem fazer o correto uso da pausa. Ela é um dos mais importantes indicadores da comunicação natural. Se você falar com artificialismo, poderá perceber que ou irá truncar as frases com pausas inadequadas ou irá atropelar a mensagem por não usá-las.

A pausa bem aplicada surge no final da linha de raciocínio, para não interromper o pensamento nem prejudicar sua comunicação e o entendimento do público. A inflexão de voz irá determinar se você está fazendo uma pausa de fechamento, de conclusão do raciocínio ou de continuidade. Só para facilitar o entendimento, se comparássemos a comunicação oral com a escrita, a pausa de fechamento seria como a de um ponto-final, e a de continuidade, como a de uma vírgula.

Durante a pausa, você deverá continuar olhando para quem acompanha sua argumentação, para não romper a linha de comunicação que os une. Depois da pausa, deverá dizer as primeiras palavras com mais ênfase e energia (de acordo com a mesma sugestão feita para quem fala lentamente, conforme vimos há pouco), para demonstrar que não ficou em silêncio porque tinha perdido a sequência das ideias, mas, sim, porque estava escolhendo a melhor mensagem.

Assim, sendo a pausa bem aplicada, valoriza as informações que foram transmitidas ou cria expectativa para aquelas que ainda serão comunicadas, além de dar oportunidade para que os ouvintes assimilem a mensagem e reflitam sobre ela.

O que fazer com o sotaque

Vale a pena nos determos um pouco nesta questão, porque, assim como eu, você também fala com sotaque. Estamos tão acostumados a observar pessoas de outras regiões falando de uma maneira própria que, às vezes, nos esquecemos de um detalhe curioso: todos nós falamos com sotaque, dependendo do lugar onde estivermos. Assim, para o habitante da Região Sudeste, quem tem sotaque é aquele que reside no Nordeste ou no Sul, enquanto para os habitantes dessas regiões, quem tem sotaque é aquele que vive no Sudeste. Por exemplo, quando vou fazer palestras na Região Nordeste e me convidam para dar entrevistas nas emissoras de rádio ou de televisão, é muito comum me perguntarem: "Professor, e o seu *sutaque*? Como o senhor trabalha seu problema de *sutaque*?". Sim, porque nessa região quem tem sotaque sou eu.

No relacionamento intercultural, esse fenômeno é denomina-
do etnocentrismo, isto é, o fato de julgarmos que todas as socieda-
des e culturas se baseiam nos valores, costumes e normas da nossa
própria sociedade. De maneira geral, nós nos surpreendemos com
essas observações, pois, como mostra o teórico da comunicação
Edward T. Hall, não temos consciência da nossa própria cultura
em nós mesmos. Comportamo-nos a partir dos costumes e hábitos da região onde fomos criados e nos vemos apenas com nossos
próprios olhos, sem noção de como outras pessoas, formadas em
outras culturas e lugares, e acostumadas a eles, poderiam nos ver
e nos qualificar.

E a dúvida que surge é esta: será que conviria mudar nosso
jeito de falar porque ele é diferente da fala das pessoas com as quais
passamos a conviver?

Essa é uma pergunta que não permite apenas uma resposta —
sim ou não —, pois você precisará considerar uma série de fatores
antes de tomar a decisão, que poderá significar a ruptura com um
comportamento enraizado pelo hábito de uma vida inteira. Para o
advogado que se desloca com frequência de uma região para outra,
esse é um aspecto que pode interferir na qualidade e no resultado da
sua comunicação.

Minha experiência pessoal

Nasci e fui criado em Araraquara, uma cidade do interior que fica
bem no centro do Estado de São Paulo. Araraquara possui uma característica muito interessante: uma parte da população tem sotaque
interiorano bastante carregado, enquanto outra nem chega a usar
o "r" retroflexo. Adivinhe em que lado da população eu fui criado?
Por acaso, entre aqueles que falam com sotaque bem acentuado.
Quando me mudei para a capital, com 20 anos de idade, de vez em
quando observava algumas pessoas cochichando e sorrindo, provavelmente por causa da minha maneira de falar. Pensava no assunto,
mas não me incomodava, pois os grupos me aceitavam bem e eu
fazia amizades com facilidade. Entretanto, aos 24 anos, quando me
tornei professor de oratória, percebi que o sucesso da nova carreira
poderia estar associado à minha maneira de falar.

Imagine eu ministrando cursos e palestras em todos os cantos do país e orientando os alunos com aquele "r" arrastado do interior paulista: "*Laéérrrcio*, você está *toorrrto*". Lógico que perderia muito da minha força como professor dessa matéria. Por isso, fiz um treinamento autodidata intenso, durante muitos anos, para eliminar qualquer vestígio do sotaque interiorano. Mesmo assim, quando estou bem à vontade, despoliciado, tratando de assuntos amenos, principalmente entre os familiares, vez ou outra acaba escapando um *piirrr ipipiirrr*.

No meu caso, portanto, mudei minha maneira de falar por causa de uma necessidade profissional, para poder sobreviver em uma atividade que exigia comunicação isenta daquela marca tão característica da minha terra natal.

Mas nem sempre é assim. Há alguns anos recebi um aluno que havia tomado posse como ministro. Ele, assim como eu, tinha sido criado em uma cidade do interior do Estado de São Paulo e por isso falava com sotaque forte, até bem mais acentuado do que aquele que eu levara na bagagem quando saí de Araraquara. Bem, com essa minha "autoridade" para corrigir sotaque, depois do trabalho que havia feito comigo mesmo, em pouco tempo propus um treinamento que eliminou cerca de 80% da sua pronúncia interiorana. A partir daí meu conselho foi para que continuasse com os 20% remanescentes, por dois motivos: primeiro, porque a pasta que ele havia assumido estava naturalmente ligada aos assuntos do interior, e seu leve sotaque poderia funcionar como ponto de identificação com os ouvintes; segundo, por causa da credibilidade que conservaria se continuasse falando daquela maneira. E essa questão da credibilidade originada do sotaque interiorano merece uma análise mais cuidadosa.

Sotaque interiorano e credibilidade

Há ainda uma noção, desvirtuada da realidade, evidentemente, de que as pessoas que vivem no interior são sempre simples e muito honestas. Sabemos que a verdade às vezes é um pouco diferente, pois, mesmo existindo bastante gente simples e honesta no interior, há também muita picaretagem. Não é raro, por exemplo, ouvir pelos meios de comunicação que uma grande quadrilha de ladrões de carros ou de traficantes de drogas foi presa no interior com a boca na botija.

Entretanto, por um desses fenômenos inexplicáveis, as pessoas logo se esquecem dessas informações e mantêm a opinião original sobre a pureza interiorana. Certo ou errado, verdadeiro ou falso, de forma geral, as pessoas pensam assim, e esse fato precisa ser levado em consideração. Por isso, um advogado que fale com sotaque interiorano pode eventualmente até conquistar maior credibilidade na comunicação.

É uma questão de lógica básica: se tem sotaque interiorano, deduz-se que a pessoa nasceu no interior; ora, quem nasce lá tem credibilidade; logo, quem fala com sotaque interiorano tem credibilidade.

Essa reflexão sobre a possibilidade de se ter mais credibilidade pelo fato de falar com sotaque interiorano é um bom exemplo para mostrar que nem sempre é conveniente mudar a maneira de falar, apenas pelo fato de ela ser diferente da forma como as outras pessoas com as quais passamos a conviver se expressam.

Waldir Troncoso Peres, considerado o príncipe da advocacia no Brasil, ao longo da sua extensa carreira de mais de 50 anos atuando no Tribunal do Júri como criminalista, foi um vencedor. Suas vitórias sempre inspiraram inúmeros advogados a trilhar essa área do Direito. Durante toda a vida, jamais procurou corrigir seu forte sotaque interiorano. Não é difícil concluir que ele poderia ter mudado o jeito de se expressar, mas decidiu permanecer assim porque, possivelmente, o sotaque ajudou-o a vencer muitas das causas que defendeu.

Não estou dizendo que a carreira de advogado vitorioso dele deveu-se ao sotaque, mas que ajudou, ajudou.

O risco de comprometer a naturalidade

Antes de decidir sobre a conveniência de eliminar ou não o sotaque, atente para a questão da naturalidade. Dependendo da maneira como você venha a fazer o trabalho para mudar a forma de falar, poderá comprometer a naturalidade da sua comunicação e desenvolver um artificialismo que, por ser evidente, como já vimos, talvez até prejudique sua credibilidade como advogado.

A mudança brusca, precipitada, quase sempre é muito negativa. Você acaba cortando suas raízes, se despersonalizando e não obtendo nenhum tipo de benefício. Você deixa de falar como os habitantes de sua região, mas demonstra ostensivamente, de maneira artificial, que está tentando se expressar de forma diferente. As pessoas percebem a tentativa de mudança e podem levantar resistências à sua mensagem. Já presenciei casos muito curiosos. O mais marcante foi quando recebi um rapaz que, de um momento para outro, passara a falar com voz agudizada e bastante esquisita. Depois de uma análise cuidadosa, pude constatar que essa sua nova forma de falar ocorrera porque, tendo se mudado do Nordeste para o Sul, de vez em quando era ridicularizado pelos novos colegas de escola, que estranhavam o sotaque nordestino. Sabendo que deveria conviver muito tempo com aquelas pessoas, o rapaz tomou a decisão de mudar e eliminar o sotaque. A mudança brusca e precipitada fez com que deixasse de se expressar de maneira natural e desenvolvesse aquele jeito estranho de falar. Depois de se conscientizar sobre como deveria agir, adotou dali para a frente outra atitude e foi suprimindo gradativamente o sotaque, de forma espontânea, passando, assim, a se comunicar com eficiência.

Quando o sotaque deve ser eliminado

Embora a decisão final deva ser sua, alguns fatores precisam ser considerados para que você saiba se deverá ou não eliminar o sotaque: a compreensão da pronúncia, o efeito da avaliação e a possibilidade de resistência dos ouvintes.

A compreensão da pronúncia

O sotaque de algumas regiões é tão carregado que temos a impressão de que a pessoa está se comunicando em outra língua. É evidente que esse tipo de pronúncia prejudica a compreensão dos ouvintes e compromete a qualidade da comunicação. Nesse caso, não há muito que pensar, pois obrigatoriamente a maneira de falar deverá ser modificada. Observe, entretanto, se não se trata de um problema de dicção defeituosa, porque, embora também possa prejudicar a compreensão dos ouvintes, a solução é muito distinta e requer o auxílio de um fonoaudiólogo.

O efeito da avaliação dos ouvintes

Pelos motivos já analisados, os ouvintes poderão estranhar a maneira como uma pessoa de outra região fala e por isso passar a ridicularizar sua forma de se expressar. Essa reação negativa do ouvinte, zombando do sotaque, será um ruído na comunicação que precisará ser eliminado. Se você enfrentar esse tipo de situação, pense seriamente em acabar com o sotaque e mudar seu jeito de falar. Seria lamentável, como advogado, você perder uma causa pelo fato de encontrar resistência à sua forma de pronunciar as palavras.

A possibilidade de resistência dos ouvintes

Pode ocorrer de os ouvintes entenderem que determinada maneira de falar seja prepotente ou arrogante e, por isso, ficarem resistentes com relação à mensagem. É um comportamento emocional sem nenhuma relação com as informações. Regiões muito badaladas pela moda, ou que foram privilegiadas por favores que beneficiaram seus habitantes — ao contrário de outras que dificilmente são mencionadas no burburinho social, ou que tiveram de fazer esforços e sacrifícios e mesmo assim não atingiram o mesmo resultado —, podem ser alvo de hostilidade e resistência com relação às suas atitudes, inclusive quanto à sua forma de falar. Se você pertencer a uma região que é vista com essa imagem negativa, tome cuidado com sua maneira de se comunicar, pois poderá encontrar objeções, independentemente do que tenha a dizer.

Com base nesses fatores, você deverá tomar a decisão de eliminar ou não seu sotaque. Lembre-se também de que, se em suas atividades como advogado precisar manter contato com profissionais ou clientes de outras regiões por tempo prolongado, mesmo que, apesar da sua maneira de falar, compreendam bem o que você diz, não o ridicularizem e não o vejam como prepotente ou arrogante, valeria a pena procurar gradativamente eliminar ou pelo menos reduzir seu sotaque. Afinal, se você falar como as outras pessoas falam, é quase certo que suas chances de conviver bem com elas serão muito melhores.

Entretanto...

Sim, entretanto, se você gostar muito do seu jeito de falar e considerar o sotaque um importante ponto de identificação com os habitantes e as coisas de sua região, independentemente de qualquer outra consideração, continue com seu regionalismo e seja feliz com ele.

Tenho um querido amigo português, Carlos Jacques Saks, que viveu quase dez anos trabalhando em diversas regiões do Brasil. Dirigiu grupos de agências do Banco Francês e Brasileiro em cidades como Rio de Janeiro, Recife, São Paulo e São Bernardo do Campo, que têm sotaques bastante distintos e característicos. A curiosidade é que, nessa época, seu filho José, que era apenas um garotinho, vivia em contato com os brasileiros em todos esses locais, e, portanto, estava sujeito a assimilar as diferentes falas regionais. Ocorre que meu amigo Saks, apaixonado por seu país de origem, sabia que mais cedo ou mais tarde voltaria com a família para Portugal e, por isso, ele e a esposa Lourdes baixaram uma norma para o Zé: falar sempre em bom português de Portugal. Dessa maneira, estavam procurando preservar o filho para que ele pudesse voltar a Portugal falando sem o sotaque brasileiro.

Eu visitei a família desse meu amigo em Lisboa e tive a oportunidade de conversar com o Zé, que agora já não é mais um garotinho, e verifiquei que ele se comunica sem nenhum sotaque brasileiro. Essa atitude do meu amigo Saks, que na época eu não consegui compreender bem, agora estava perfeitamente explicada. Soube, entretanto, que o Zé se casou com uma brasileira chamada Aline. Quando os visitar novamente, vou observar se a questão amorosa influenciou o sotaque de um dos dois, pois, como sabemos, a convivência provoca um processo de imitação nos casais, de modo que um acaba por pegar o jeito de falar do outro.

Como agir no contato com pessoas de outros países

Já que estou citando a experiência de como meu amigo português preservou a forma de falar do filho dele, vale a pena discutir um pouco sobre a maneira de tratar nosso sotaque quando estamos em contato com pessoas de outros países. Especialmente por causa do desenvolvimento do Direito Internacional, que se intensificou com a chegada da globalização, o relacionamento com clientes e escritórios de advocacia de diferentes nações se ampliou.

Certa vez, em uma entrevista à Revista *Veja*, um cientista disse que não se importava em falar com sotaque, porque ele não era espião, que só os espiões deveriam ter essa preocupação, senão seriam descobertos pelos inimigos.

Essa é uma boa sugestão de conduta. Não se preocupe com o fato de falar em uma outra língua com sotaque, mesmo porque, por mais perfeita que seja sua pronúncia, as pessoas saberão que você é de outro país. Quanto melhor for sua pronúncia e menos sotaque tiver, mais eficiente será sua comunicação. Mas não se pressione pelo fato de estar se expressando com algum tipo de sotaque em outra língua.

Nessa circunstância, o que prevalecerá no contato com habitantes de outros países será seu conhecimento, seu preparo como advogado e como você considera e respeita os hábitos culturais das pessoas que irão ouvi-lo. Leve em conta também que para alguns povos a maneira característica de falar dos habitantes de determinados países é muito agradável. Quem sabe as pessoas com as quais você deverá se relacionar sejam de um país que o vê assim, dessa maneira positiva. No Brasil, por exemplo, onde os descendentes de italianos constituem número expressivo, a língua italiana possui uma musicalidade familiar e, por isso, é recebida com bastante simpatia.

Um conselho final sobre o sotaque

Mudar a maneira de falar não é uma decisão simples e fácil de ser levada a cabo. Por isso, reflita bem antes de se decidir sobre a melhor forma de agir e leve sempre em conta o seu desejo mais sincero. Não se sinta violentado pela decisão que tomar. Se resolver eliminar o sotaque, analise se está certo de que o sacrifício será compensado pela melhor qualidade de relacionamento e melhoria na eficiência da comunicação. Se, entretanto, julgar que é conveniente continuar falando com sotaque que o identifique como oriundo da sua região natal, meça bem as consequências dessa sua atitude e vá em frente. Em qualquer situação, faça o que for melhor para você e boa *soorrrte!*

Como usar bem o microfone

Ao aprender a usar corretamente o microfone, você aproveitará o seu potencial e o transformará em um ótimo colaborador para sua voz e para sua comunicação.

Cada tipo de microfone tem sua sensibilidade e requer uma distância apropriada da boca para ser bem aproveitado. De maneira geral, não deixe o microfone muito baixo, porque dessa forma ele não captará convenientemente o som da sua voz. Por outro lado, se o deixar muito próximo da boca, além de estourar o som, ele poderá se transformar em obstáculo entre você e o público, impedindo que os ouvintes vejam o seu semblante.

Como eu disse, cada microfone deve ser usado a uma distância apropriada, mas, como orientação geral, sugiro que seja mantido a uns dez centímetros da boca. A partir desse ponto, você irá se aproximar ou se afastar, de acordo com a sua sensibilidade.

Aprendi a usar o microfone com um advogado que se transformou em um dos maiores apresentadores da televisão brasileira e o melhor orador que conheci: Blota Júnior. Ele me disse que a melhor altura do microfone é um pouco abaixo da boca, mais ou menos na direção do queixo.

A melhor altura do microfone é um pouco abaixo da boca.

O grande segredo para o bom uso do microfone é falar sempre olhando sobre ele. Assim, se você se dirigir às pessoas que estão no fundo da sala, à sua frente, posicione-se naturalmente diante do pedestal, olhando sobre o microfone. Se falar com os ouvintes que estão em uma das extremidades da sala, bastará um leve giro do corpo para que o microfone fique entre você e a parte do público a quem deseja dirigir as palavras. E assim, sempre posicionado para falar olhando sobre o microfone, estará se valendo convenientemente desse extraordinário recurso da comunicação, sem que a plateia sequer perceba que você está usando alguma técnica. Na verdade, quando a técnica é bem utilizada, o público nem nota que existe microfone no ambiente.

Observe alguns itens relacionados ao uso do microfone:

* microfones colocados em pedestais;
* como segurar o microfone;
* microfones de lapela;
* headset e earset.

Microfones colocados em pedestais

Embora o uso de microfones pequenos, presos na roupa do orador, esteja generalizado, ainda são comuns os microfones colocados em pedestais. Esses suportes de microfone, de maneira geral, possuem três mecanismos de ajuste: dois para levantar ou abaixar a haste e regulá-la de acordo com a altura do orador e outro, no próprio local onde eles são encaixados, para posicioná-los com facilidade na distância mais apropriada da boca.

Os pedestais de mesa ou usados nas tribunas normalmente possuem uma haste flexível, que permite o melhor posicionamento do microfone quando a dobramos para a frente ou para trás. No caso de a haste ser rígida, tome o cuidado de trazer todo o pedestal para perto de você.

Sempre que tiver oportunidade, treine com os mais diversos tipos de pedestais de microfones disponíveis, a fim de não se atrapalhar quando precisar usá-los. A sua segurança para se comportar diante desses mecanismos poderá conquistar pontos positivos diante da plateia.

Como segurar o microfone

Os cuidados para segurar o microfone são os mesmos que se recomendam quando colocados em pedestal.

Ao segurá-lo, faça do seu braço uma espécie de pedestal. O braço cuja mão segura o microfone ficará imóvel, para que este não se afaste da boca e possa captar bem o som, enquanto o outro estiver sendo utilizado para a gesticulação.

Não se comporte como alguns advogados que, ao optarem por segurar o microfone, no entusiasmo de sua exposição se esquecem do aparelho e acabam usando os dois braços para gesticular, impedindo, assim, que as pessoas ouçam suas palavras.

Para posicionar bem o microfone, basta estender o braço ao longo do corpo e, em seguida, dobrá-lo, levantando a mão para que se aproxime da boca. Dessa forma, você encontrará a distância apropriada.

Basta dobrar o braço para posicionar bem o microfone.

Microfones de lapela

O microfone de lapela é outro tipo útil e o mais indicado, sobretudo quando você precisar ou puder se movimentar na frente do público.

Esses pequenos microfones, que, em sua maioria, possuem grande campo de ganho, captam o som da voz a distâncias maiores. Contam com dispositivos para prendê-los na lapela do paletó, na gravata, na blusa ou na camisa. Normalmente sem fio, possibilitam o livre deslocamento diante das pessoas.

Quando estiver com um microfone de lapela, tome cuidado para não fazer comentários que não desejar que o público ouça, pois, por mais baixo que você fale, sempre haverá o risco de o público ouvir. Ao terminar a apresentação, lembre-se de desligá-lo: é comum oradores continuarem falando sem se dar conta de que tudo continua sendo ouvido pelo público. No Brasil, um advogado foi severamente advertido pela Ordem dos Advogados porque orientou seu cliente a mudar a assinatura num documento e suas palavras foram captadas pelo microfone sensível que estava próximo de sua boca.

Outro caso brasileiro famoso foi a entrevista que uma moça, condenada pela Justiça por planejar a morte dos pais, concedeu a um programa de televisão. Durante a entrevista, sem que ela percebesse, os repórteres gravaram toda a sua conversa com o advogado. Os dois não notaram que o microfone estava aberto e planejaram como ela deveria se comportar. No dia em que a entrevista foi ao ar, os produtores do programa revelaram como o advogado estava orientando sua cliente para agir diante das câmeras. Informaram com detalhes que, ao perceberem que a entrevistada e o advogado estavam planejando a forma como ela deveria se comportar e o tipo de respostas que deveria dar, não hesitaram em revelar o plano. Independentemente de qualquer outra prova que tenha sido apresentada no julgamento, provavelmente a descoberta dessa encenação influenciou para que a moça fosse condenada.

No caso de você utilizar o microfone de lapela para fazer uma apresentação que exija que se abaixe com frequência para consultar anotações ou usar o teclado do computador colocado em mesa baixa, procure não falar quando se abaixar, porque a boca estará muito próxima do microfone e provocará alterações no volume do som, o que pode ser irritante para os ouvintes. Em todo caso, se for necessário falar enquanto se abaixa, diminua o volume da voz para atenuar as oscilações.

Headset e earset

Esses microfones, salvo alguns detalhes técnicos, possuem praticamente as mesmas características. O headset quase sempre é cardioide, que se mantém com a cápsula apontada na direção da boca, evitando assim a interferência de ruídos externos, especialmente produzidos atrás do orador. Já o earset é omni, com maior campo de ganho, com a cápsula junto ao rosto. A diferença estética é que, como o próprio nome diz, o headset é sustentado na cabeça, ao passo que o earset na orelha. Esses microfones, assim como no caso dos de lapela, são utilizados sobretudo em palestras e apresentações que exigem movimentação do orador. Por ser mais firme e evitar sons externos, o headset é mais adequado em ambientes com barulho e quando a movimentação do orador é muito intensa, já que nesse caso o earset pode se deslocar da orelha e cair. O earset, de maneira geral, possui hastes delicadas, na cor da pele, e são quase imperceptíveis. No caso dos advogados, em quase todas as situações, é recomendável o uso do earset.

Um cuidado especial: se você estiver com tosse ou com aquele pigarro desagradável, evite os microfones de lapela, o headset e o earset, pois com eles não terá como evitar que a tosse ou o barulho de limpar a garganta sejam captados pelo aparelho. Nesse caso, prefira usar o microfone de mão, pois será mais fácil afastá-lo da boca quando for preciso.

Cuidado: por mais desenvolvida que esteja a tecnologia dos microfones e aparelhagens de som, é sempre grande o risco de surgirem problemas. Por isso, dê atenção especial a esse aspecto da comunicação. Chegue antes do horário determinado e faça todos os testes que puder. E mais: a primeira pessoa que você deverá procurar ao chegar ao local da apresentação é o responsável pelo som. Deixe para conversar com as outras pessoas depois que tiver tirado todas as suas dúvidas e estiver tranquilo de que tudo irá funcionar bem.

Atenção: se você tiver algum problema com a sua voz, não hesite em procurar a ajuda de um fonoaudiólogo. É o profissional indicado para fazer a avaliação correta e indicar o tratamento apropriado.

Capítulo 3

O vocabulário

Quanto mais amplo e abrangente for o vocabulário, mais pronta, desenvolta e segura será sua comunicação.

A palavra é o dorso sobre o qual caminham nosso raciocínio e nossos sentimentos. Sem ela, dificilmente poderíamos externar o que pensamos ou queremos.

Se você possuir um extenso vocabulário e encontrar palavras com facilidade para identificar seus pensamentos, estará contando com uma poderosa arma para ser vitorioso como advogado. De nada adiantará, entretanto, ter um rico vocabulário se ele não estiver automatizado para a fala.

Numa memorável palestra que fez aos nossos alunos, o Dr. Waldir Troncoso Peres, o famoso advogado criminalista que mencionei há pouco, contou como teve de se dedicar para desenvolver o seu vocabulário. Revelou que, quando era jovem, ainda estudante, às vezes sentia um certo tolhimento do raciocínio por não conseguir encontrar facilmente a palavra que desejava. Só depois, com a prática de longos anos frequentando a Tribuna do Júri, pôde desenvolver uma qualidade que chamou de automatização da fala. Ressaltou que, enquanto o orador estiver preocupado com a palavra que vai dizer, com o verbo que irá conjugar, com o adjetivo e o substantivo que irão compor a frase que deverá refletir o seu pensamento, estará preso à forma da comunicação e sofrerá, com isso, um rebate de produtividade.

Só depois que você não tiver mais de pensar no que vai dizer e em como vai dizer é que terá incorporado a automatização da fala e poderá transmitir suas ideias sem o atrelamento à forma.

Maurice Garçon, na obra *Ensaios sobre a eloquência judiciária*, já mencionada, diz sobre o automatismo da fala:

"Se o orador não adquiriu uma espécie de automatismo da correção arrisca-se rapidamente, qualquer que seja sua fluência, a multiplicar desleixos, dos quais ele próprio não terá consciência, mas que desagradarão ao ouvinte".

Essa é uma conquista que requer anos de estudo, experiência, prática e observação. Mas é também um aprendizado que dá muito prazer, pois a cada dia você poderá experimentar crescimento e progresso. Já nos primeiros dias de trabalho, para ampliar o uso de novos vocábulos ou de velhas palavras adormecidas, poderá sentir maior facilidade em expor suas mensagens.

Por isso, antes de discorrer sobre os aspectos mais relevantes do vocabulário do advogado, para que você possa aprimorá-lo na sua comunicação, vou convidá-lo a refletir um pouco mais sobre esse automatismo da fala e sua possível consequência, que é o piloto automático.

Automatismo da fala e o piloto automático

Há alguns anos recebi em minha escola uma visita curiosa e muito estimulante de um dos maiores humoristas da história do país, José Vasconcelos. Passamos o dia juntos, almoçamos, conversamos bastante, e ele assistiu a uma de minhas aulas de oratória. Disse-me que sempre tivera a curiosidade de saber como a comunicação, que desenvolvera no aprendizado permanente do fazer, enfrentando, e tendo de motivar ao riso, não só plateias brasileiras como também do exterior, poderia ser ensinada tecnicamente. Nem preciso dizer que me diverti muito o tempo todo, já que ele era naturalmente engraçado, lúcido e de presença de espírito pronta e sempre alerta.

Entre os diferentes temas que discutimos, o que me marcou de maneira mais acentuada foi como cada um de nós enfrentava o perigo constante do piloto automático. Piloto automático é uma forma vulgar de definir o momento em que aquele que fala em público com frequência sobre o mesmo tema perde a concentração na mensagem que está desenvolvendo e passa a pensar em outros assuntos. Isto é, a pessoa continua falando ali diante da plateia, mas só de corpo presente, pois seu pensamento rápido e esperto a abandona e se perde na reflexão de outros temas. Embora as minhas atividades profissionais e as de José Vasconcelos tivessem seguido caminhos distintos, apresentam a característica comum de falarmos em público, e o piloto automático é um fenômeno que nos preocupa e nos obriga a ter em todos os momentos a vigília e o autocontrole das ações.

Eu nunca encontrei nas minhas leituras referência de como tratar esse inimigo invisível e traiçoeiro do palestrante. Por isso, essa minha conversa com José Vasconcelos, entre tantos outros motivos, foi tão interessante e até surpreendente, pois sem jamais termos conversado antes, ou termos lido sobre como combater o piloto automático, descobrimos que utilizávamos o mesmo recurso para nos defender e nos proteger dele.

Os conceitos do automatismo da fala e do piloto automático apresentam diferenças acentuadas

Antes de falar sobre os perigos e as consequências do piloto automático e de como você deve proceder para se livrar dele, julgo oportuno alertar para as diferenças que o distinguem do automatismo da fala.

Talvez o primeiro autor que teve a coragem de abordar o automatismo da fala como recurso de comunicação tenha sido Emile Amet, no seu livro *Arte de falar em público*, no princípio do século passado. Nessa obra, o autor apresenta uma espécie de dicionário de frases usadas com frequência no cotidiano e sugere que o leitor as pratique intensamente, talvez com o intuito de fazê-las participar do reflexo condicionado. Assim, ao pronunciar a palavra inicial, toda a frase viria automaticamente à tona, dando fluência e correção à fala. Emile Amet ficou tão preocupado em tratar desse assunto que iniciou se defendendo e se desculpando:

> *"O nosso dicionário que nos serviu para a sugestão dos pensamentos deve fornecer-nos, além disso, todos esses lugares-comuns, todas essas precauções oratórias, que é útil conhecer e que formam uma espécie de modelo, sobre o qual se destaca o desenho das ideias.*
>
> *Vamos dar alguns exemplos, dispondo essas ideias pela ordem do desenvolvimento natural do discurso. E não se antecipem em*

acusar-nos de querermos fazer de cada aspirante a orador um papagaio. Há na linguagem um fundo de expressões muito comuns, muito usuais que é preciso conhecer para revestir o pensamento. Sem dúvida, não abordamos neste momento um lado muito elevado da arte de falar. Mas cada uma destas artes não tem a sua técnica, o seu lado profissional, que é forçoso absolutamente praticar?".

Bem, você deve estar curioso para conhecer pelo menos uma ou outra frase sugerida pelo autor. Vou transcrever duas delas apenas para exemplificar:

"Não quero reacender uma discussão que atingiu o seu termo".
"A tarefa que me é confiada é tão difícil...".

Li o livro de Emile Amet quando iniciei os estudos da oratória há algumas décadas e confesso que considerei suas ideias meio esquisitas — não acreditava que alguém pudesse obter resultados práticos com seus exercícios. Com o tempo, constatei um fenômeno curioso que, de certa maneira, me fez rever os conceitos que tinha sobre esse autor francês. No final dos nossos cursos de oratória fazíamos uma solenidade para a entrega dos certificados de conclusão e convidávamos como paraninfo das turmas uma personalidade com reconhecida competência para falar em público, geralmente da área do Direito. Alguns desses convidados, por serem tão excepcionais, depois de dez, doze anos foram chamados novamente, até mais de uma vez. E assim, durante muitos anos, esses oradores notáveis encantaram os formandos com discursos admiráveis. Entretanto, eu não poderia deixar que essas verdadeiras obras de arte da oratória ficassem restritas àquele momento efêmero da solenidade e se perdessem no tempo, por isso tive o cuidado de gravá-las em vídeo para que mais pessoas pudessem ter acesso a elas em outras oportunidades.

Para minha surpresa e até perplexidade, ao comparar alguns desses discursos, verifiquei que vários paraninfos, que como eu disse são oradores da melhor qualidade, dez anos mais tarde, ao fazerem apresentações aos nossos alunos, em contextos que exigiam mensagens diferentes, repetiram as mesmas frases com as mesmas palavras. Como explicar que oradores que são comprovadamente competentes pudessem se apresentar depois de tantos anos no mesmo ambiente repetindo suas frases? Posso assegurar que não foi por falta de criatividade, muito menos por não saberem o que dizer, mas, sim, porque falaram tantas vezes sobre o mesmo assunto que as frases passaram a participar do seu reflexo condicionado e a ser proferidas pelo automatismo da fala. As informações estavam tão automatizadas que, quando tais oradores diziam as primeiras palavras, não eram apenas essas palavras que vinham à mente, mas, sim, a frase inteira, completa, como se fosse uma expressão única.

Outro exemplo marcante sobre o automatismo da fala são os eventos de que participo com outros palestrantes. Os que fazem maior sucesso com o público são convidados com frequência para apresentar seu tema em outras circunstâncias, e sempre os encontro falando antes ou depois de mim. É impressionante como as frases desses oradores vão se sucedendo naturalmente com as mesmas palavras, em um encadeamento automático desde o princípio até o final. Alguns alunos me procuram para criticar esses palestrantes, dizendo que tiveram oportunidade de vê-los mais de uma vez e que eles falam sempre a mesma coisa, do mesmo jeito. Procuro explicar-lhes o funcionamento desse automatismo da fala e alerto para o fato de que, se observarem apresentações de pessoas que abordam um mesmo tema com frequência, o resultado não será diferente.

Apesar da situação desagradável de as pessoas criticarem a repetição quando assistem à apresentação mais de uma vez, o automatismo da fala pode até trazer benefícios para a comunicação, a não ser que leve o orador ao piloto automático.

Observe que os dois fenômenos são diferentes. Enquanto o automatismo da fala permite ao orador proferir a frase toda a partir das primeiras palavras, mas consciente das informações que está transmitindo, o piloto automático, ao contrário, desvia sua concentração e o impede de perceber bem o que está dizendo. De maneira geral, este é consequência e um desvirtuamento do primeiro.

Todos nós estamos sujeitos ao piloto automático

O piloto automático não é privilégio apenas de palestrantes, advogados, professores ou líderes de reunião. Na verdade, é um fenômeno que pode ocorrer com todos aqueles que desenvolvem atividades repetitivas. Quantas vezes você não ouviu dizer que determinado jogador de tênis ou de voleibol perdeu uma partida praticamente ganha porque se desconcentrou? Ou que um piloto de Fórmula 1 não conseguiu fazer uma ultrapassagem ou até permitiu que o ultrapassassem pelo mesmo motivo? Quando, entretanto, a desconcentração ocorre na comunicação, nossa surpresa é ainda maior, porque, pelo fato de estarmos falando, parece impossível que o pensamento possa ser desviado para outras informações diferentes da mensagem que estamos transmitindo.

É quase desesperador quando percebemos em um sobressalto diante do público que o nosso pensamento havia ficado um bom tempo refletindo sobre assuntos alheios ao tema da exposição. Talvez não seja tanto tempo assim, mas alguns segundos parecerão uma eternidade diante da plateia, e os riscos vão desde o simples comprometimento da causa defendida até, em casos extremos, o prejuízo para a carreira de advogado.

Imagine, por exemplo, se, nesses instantes em que esteve desconcentrado, com o pensamento distante, você repetisse na audiência, diante do juiz, ou no Tribunal do Júri, à frente dos jurados, argumentos já transmitidos como se fossem uma grande novidade, ou se o raciocínio fosse interrompido e desse um branco que não o deixasse saber a parte da fundamentação que estava desenvolvendo. Dependendo da importância do julgamento, a consequência de ter entrado nesse piloto automático poderia ser irreversível.

O problema maior do piloto automático, entretanto, no curso de uma audiência, não está no fato de repetir uma ou outra informação ou ter um branco indesejável, mas, sim, de afastar-se dos sujeitos do processo e romper aquela espécie de campo magnético que deveria mantê-lo ligado a eles. No momento em que você entra no piloto automático, os olhos adquirem um brilho característico de quem está distante da lide, e os presentes, até sem ter consciência do que está ocorrendo, também se afastam e deixam de se interessar pela sua tese. É uma situação muito curiosa quando, no caso de uma palestra a profissionais do Direito, no final eles até dizem que a apresentação esteve ótima, que seu desempenho foi muito bom, mas você sabe que não teve o público na mão. Considere ainda, entre tantas circunstâncias que poderiam ser mencionadas, apenas para exemplificar, que, mesmo sabendo que a possibilidade de reversão de um direito por meio de recurso de revista seja reduzida, se a sustentação oral na sessão de julgamento do Tribunal Superior do Trabalho dependesse de sua concentração, o voto dos ministros, incluindo o do relator, poderia não lhe ser favorável.

Como escapar do piloto automático

Naquele meu encontro com José Vasconcelos eu estava muito curioso para saber se ele, que durante muitos anos fez apresentações diárias nos mais diferentes locais, entrava às vezes no piloto automático e como agia para se libertar quando sentia que o fenômeno estava para ocorrer. Quase caí das pernas quando ele me revelou que o método que havia desenvolvido para se proteger era o mesmo que eu utilizava há muitos anos — inverter a ordem da apresentação. Como entramos no processo do piloto automático por caminharmos durante a exposição por um rumo conhecido, com o qual já estamos familiarizados, o pensamento fica livre para refletir sobre outras informações na certeza de que os passos serão cumpridos naturalmente. Por isso, o recurso para nos protegermos dele é inverter a ordem da apresentação, isto é, o que seria transmitido mais à frente antecipamos para o momento presente e, ao contrário, o que deveria ser comunicado agora deixamos para dizer posteriormente. Assim, com a ordem invertida, os passos deixam de ser conhecidos e nos obrigamos a raciocinar para que continuemos tendo o domínio da mensagem.

Dependendo das características da apresentação, esse método não pode ser aplicado, porque há o risco de prejudicar a sequência lógica da exposição. Nesse caso, a alternativa é modificar o momento de contar as histórias ilustrativas. Embora estas devam ser usadas para facilitar o entendimento dos ouvintes, algumas, entretanto, são contadas com o objetivo de descontrair a plateia e motivá-la a acompanhar a exposição. Inverter a ordem dessas histórias mais descompromissadas com o conteúdo pode se transformar em uma ótima saída para fugir do piloto automático sem atrapalhar a concatenação natural do raciocínio.

Quando se trata de uma palestra, alguns advogados hesitam em aplicar o recurso de inverter a ordem da apresentação por se sentirem inseguros e com receio de ficarem desestabilizados com o uso da novidade, por isso não mudam e se defendem argumentando que o antigo roteiro tão conhecido proporciona maior confiança. Se você se sentir nessa situação, prefira ficar um pouco mais inseguro e aplicar o método a continuar confiante, mas correndo o risco de se desconcentrar e prejudicar ainda mais o resultado da apresentação. É preferível que você elabore esse plano alternativo antes de iniciar a apresentação, mas se, diante da plateia, sem ter pensado antes se deveria ou não inverter a ordem da exposição, perceber que está correndo o risco de entrar no piloto automático, faça uma pequena pausa para consultar algumas anotações ou beber um gole de água. Aproveite para decidir quais modificações seriam mais apropriadas e aja sem hesitar. Talvez você sinta uma descarga maior de adrenalina, o coração batendo mais forte, as mãos mais frias, mas não se preocupe: é o sinal de que você ficará mais atento e concentrado na sua palestra, e — o que é mais importante — o público também.

E se você não quiser ou não puder inverter a ordem?

Você já observou como alguns tenistas dão pulinhos na quadra enquanto aguardam a sequência das jogadas? Eles agem assim para continuar aquecidos, perturbar um pouco o adversário, mas também para permanecer concentrados no jogo e não deixar que o pensamento comece a dispersar.

Quer dizer que, para não entrar no piloto automático, devo passar a dar pulinhos no tribunal? Lógico que não, mas, se considerarmos os debates orais no Tribunal do Júri, mudar de posição na frente dos jurados, saindo de uma extremidade da sala para outra, ou de um posicionamento mais recuado para se aproximar deles, pode constituir um recurso excepcional para evitar o piloto automático. A vantagem desse método é que, quer diante dos sete jurados ou dos ouvintes de uma palestra, além de você manter sua concentração, também fará com que os presentes continuem prestando atenção, pois, ao se movimentar, estará quebrando o foco de atenção dos ouvintes, que, com o passar do tempo, normalmente vai ficando viciado. Assim, as pessoas recuperam a concentração e permanecem interessadas na mensagem. Tome cuidado, entretanto, para não se movimentar de maneira exagerada, pois neste caso o resultado pode ser diferente e prejudicar a concentração das pessoas que talvez estivessem acompanhando sua exposição com interesse.

O uso de recursos audiovisuais em uma palestra também pode ser muito útil para evitar o piloto automático, pois, mesmo que você esteja acostumado com as imagens, sempre será preciso acompanhar com maior cuidado as mudanças das telas e sincronizar a exposição do visual com os comentários que deverá fazer. Se, apesar do apoio de visuais, julgar que deverá inverter a ordem da apresentação, faça o planejamento dessas mudanças com antecedência, já que, diante do público, por maior que seja sua habilidade em operar os equipamentos de projeção, nem sempre é conveniente promover essas alterações.

Pagando pela concentração – uma anedota para descontrair

Para encerrar meus comentários sobre o automatismo da fala e do piloto automático, que pode desviar sua concentração como orador, lembrei-me de uma história que ilustra bem a importância de manter a concentração.

O sócio mais importante de um grande escritório de advocacia, durante o intervalo de um julgamento no fórum central, dirigiu-se a uma igreja que ficava nas imediações para fazer alguns pedidos a Santo Expedito, que vem fazendo muito sucesso com aqueles que desejam resolver causas difíceis. Além de solicitar ajuda para vencer a causa que defendia, aproveitou para pedir um bom dinheiro extra, queria ganhar um milhão: "Por favor, Santo Expedito, atenda às minhas súplicas e me faça ganhar um milhão, pois eu preciso muito desse dinheiro para comprar um apartamento de cobertura na praia".

A seu lado havia um mendigo, todo maltrapilho, que também suplicava ao mesmo santo: "Por favor, Santo Expedito, eu lhe imploro que me faça ganhar duas moedas para eu comer porque estou com muita fome".

E ali ficaram por um bom tempo os dois homens fazendo seus pedidos a Santo Expedito: um pedindo um milhão e o outro, as duas moedas. Até que chegou um momento em que o advogado olhou furioso na direção do mendigo, arrancou rápido duas moedas do bolso e, bravo, disse entre os dentes: "Tome essas moedas e suma daqui para que o santo possa se concentrar apenas no meu pedido".

Para incorporar palavras ao automatismo da fala é preciso praticar

É importante observar e aprender novos termos para a ampliação do vocabulário, mas é fundamental que eles sejam praticados. Se não existir a prática, as novas palavras poderão se tornar tão inúteis quanto as velhas que foram aprendidas e adormeceram no tempo.

Como vimos, a automatização da fala, desenvolvida com a prática, não ocorre apenas com as palavras isoladamente; ela acontece em especial com grupos delas ou frases inteiras. Você se recorda que, ao repetir a mesma frase várias vezes, ela se incorpora à comunicação e, automaticamente, vem à tona quando pronunciar uma de suas palavras.

Por isso sugiro que escreva algumas dezenas de frases que, em geral, são usadas pelos advogados em julgamentos, reuniões, debates, conversas, palestras ou outros eventos e as leia várias vezes todos os dias até que comecem a fazer parte do seu vocabulário ativo, participando naturalmente da automatização da fala.

Veja alguns exemplos de frases mais atuais que as sugeridas por Emile Amet e que você poderia usar no seu treinamento:

- Se vocês me permitirem, gostaria de apresentar um ponto de vista.
- Depois de ouvir atentamente as ponderações dos colegas advogados que participam desta reunião, gostaria de acrescentar uma outra informação que julgo oportuna.
- Antes de ouvirmos as sugestões de cada um dos senhores, seria interessante lembrar que todas as ideias serão avaliadas com critério.
- Vou refletir com carinho sobre essa sua proposta e desde já quero agradecer-lhe pela valiosa contribuição.

- Sua pergunta é muito importante, porque nos ajuda a esclarecer uma questão que tem sido frequentemente levantada.
- A sua dúvida é extremamente oportuna, porque me dá a possibilidade de esclarecer melhor essa questão.
- Esta é a primeira vez que tenho a oportunidade de falar diante dos senhores e o faço com muita satisfação.
- É com satisfação que volto a usar esta tribuna.
- Esta não é a primeira vez que falo diante dos senhores e sempre o faço com muita satisfação.
- Antes de encerrar as minhas considerações, gostaria de chamar a atenção para um ponto que considero fundamental.

Independentemente de as frases participarem ou não do automatismo da sua comunicação, a leitura repetida dessas sentenças vai constituir-se um excelente exercício para o desenvolvimento de sua oratória, pois você treinará formas úteis para usar no início e na condução de apresentações e audiências. Mais importante até do que se restringir às frases sugeridas é fazer a sua própria relação, incluindo sentenças para iniciar sustentações orais, reuniões, fazer apartes, responder perguntas, chamar atenção para dados importantes, resumir informações suas ou do grupo, encerrar discursos e outras circunstâncias que você puder observar ou imaginar.

Conforme você já observou, o processo de ampliação do vocabulário é extremamente trabalhoso e exige muito esforço e disciplina.

Na sequência do estudo do vocabulário serão analisados os seguintes itens:

- como ampliar o vocabulário;
- o palavrão e a gíria;
- os termos incomuns;
- o vocabulário técnico;
- o chavão e as frases vulgares;
- repetições viciosas.

Como ampliar o vocabulário

Ampliar o vocabulário não significa apenas descobrir novas palavras, mas também, e sobretudo, fazer uso das que já foram aprendidas e que, por qualquer razão, não se incorporaram à comunicação ativa.

Para que uma palavra passe a participar do seu vocabulário ativo, siga os passos:

- anote a palavra que você não conhece ou de cujo significado tenha dúvida;
- recorra a um dicionário para estudá-la;
- construa algumas frases diferentes, incluindo o novo termo aprendido;
- use-a na primeira oportunidade, escrevendo ou conversando;
- procure aplicá-la em outras ocasiões para que se incorpore definitivamente ao seu vocabulário.

Não apenas no exercício da sua profissão como advogado, mas em todas as situações, você poderá aproveitar para observar e pôr em destaque palavras a serem estudadas. Além da leitura de livros de conceituados jurisconsultos, há também a possibilidade de você se valer de jornais e revistas, de palavras utilizadas por outros advogados, por outras pessoas com quem conversa ou por personalidades de boa formação cultural que se apresentam em programas nas emissoras de rádio e televisão e até em alguns canais especializados no YouTube.

O processo é cansativo e exige trabalho e disciplina, porque, quando você estiver lendo um artigo de jornal ou de revista, naturalmente desejará ir até o fim sem interrupções. Durante os exercícios, isso não será possível, pois você precisará parar constantemente.

Para atenuar um pouco o trabalho, a alternativa é fazer a leitura com uma caneta na mão e, toda vez que surgir uma nova palavra, sublinhá-la, recorrendo, no final, ao dicionário.

O exercício de destacar palavras em suas leituras do dia a dia é importante pelo fato de já estarem inseridas em um contexto, o que facilita e estimula o aprendizado.

Na fase de aprendizado e de desenvolvimento do vocabulário, considere também que as palavras usadas na comunicação escrita nem sempre são necessariamente as mais apropriadas para a comunicação oral. Quando leio um texto do escritor brasileiro Luis Fernando Verissimo, fico morrendo de inveja. Falo para mim mesmo: como é que ele consegue construir períodos tão perfeitos, com ideias completas, prontas e acabadas? Talvez Dante, na *Divina comédia*, tenha conseguido essa proeza de fechar todo um pensamento em apenas uma frase. Depois de aprendermos a ler as entrelinhas de Machado de Assis, poderíamos acrescentar o fundador da Academia Brasileira de Letras nesse grupo seleto, que abrigaria o irlandês James Joyce ao escrever *Ulisses* e mais um ou outro, como o português Fernando Pessoa, o colombiano Gabriel García Márquez e o argentino Jorge Luis Borges. Daria para acrescentar mais uma dezena bem escolhida, para que depois a relação fosse minguando. Entretanto, com esse vocabulário excepcional que o ajuda a produzir páginas que serão imortais, ao falar, Luis Fernando Verissimo é um desastre. Pronuncia as palavras como se fosse um datilógrafo (digitador, para dar uma atualizada) catando milho, tecla por tecla.

Se você quiser falar selecionando palavras com o mesmo rigor usado para escrever ou revestir sua comunicação de uma formalidade que não seja usual no seu cotidiano, as chances de se dar mal aumentam. Aliás, é bom lembrar que até nas sentenças dos juízes o "juridiquês", tão comum no passado, tem sido evitado, como as muitas citações em latim, as palavras rebuscadas ou de difícil entendimento para o público leigo. Veja este trecho, extraído da cartilha lançada pela Associação dos Magistrados Brasileiros, intitulada *O judiciário ao alcance de todos*, que retrata bem esse preciosismo a que estamos nos referindo:

> *"Afigura-se até mesmo ignominioso o emprego da liturgia instrumental, hipótese em que a incompreensão reina. A oitiva dos litigantes e das vestigiais por eles arroladas acarreta intransponível óbice à efetiva saga da obtenção da verdade real. Ad argumentandum tantum, os pleitos inaugurados pela Justiça pública, preceituando a estocástica que as imputações e defesas se escudem de forma ininteligível, gestando obstáculo à hermenêutica".*

Por fim, vale transcrever este pequeno trecho da apresentação do livreto, que sintetiza o esforço da Associação em simplificar a linguagem para o cidadão:

> *"É desafiadora a iniciativa da AMB de alterar a cultura linguística dominante na área do Direito e acabar com textos em intrincado*

*juridiquês. A Justiça deve ser compreendida em sua atuação por to-
dos e especialmente por seus destinatários. Compreendida, torna-
-se ainda mais imprescindível à consolidação do Estado Democrá-
tico de Direito".*

A não ser, evidentemente, que a circunstância exija. Considere
também que, quando falamos, podemos ficar preocupados com a
opinião que as outras pessoas terão da nossa mensagem e da nossa
imagem e, por isso, procuramos caprichar ainda mais, um cuidado
excessivo que acaba nos tolhendo. Quando escrevemos, mesmo que
tenhamos preocupação com a opinião das outras pessoas, temos
tempo de meditar sobre o que vamos dizer e reescrever o que não
julgarmos oportuno. Fico arrepiado quando vejo um advogado tentando escrever o que pretende falar, principalmente se não ensaiar
o que vai dizer. O ritmo, a cadência, a pausa, a estrutura melódica
da comunicação oral são aspectos muito diferentes da comunicação escrita. Uma palavra, uma vírgula, uma entonação distinta da
planejada são detalhes que modificam a sequência e a maneira de
transmitir a mensagem.

Tome cuidado também para não ser perfeccionista com o vocabulário na comunicação oral e se atrapalhar mais ainda para falar.
Quando você fala, conta com uma pequena fração de segundo para
encontrar a palavra que possa transmitir suas ideias. Se não conseguir encontrá-la, ficará dando voltas com o pensamento até que ela
apareça. Por causa disso, correrá o risco de perder a objetividade e
tornar-se prolixo e confuso.

Lembre-se de que a palavra perfeita é única; nem sempre,
entretanto, é possível resgatá-la rapidamente da memória. Para não
quebrar o ritmo da sua apresentação, quando a palavra que seria
considerada exata para o raciocínio fugir da lembrança, a solução é
recorrer a um outro termo analógico ou afim, que, embora não seja
o mais perfeito, poderá dar o mesmo sentido à frase. Nessas circunstâncias, a não ser quando se tratar de uma palavra ou expressão
específica do Direito, é o mais apropriado, pois o auditório entenderá
a mensagem da mesma forma, e você poderá manter o ritmo da
apresentação. Por exemplo, se a palavra fosse "terminar", você poderia substituir por alguns dos termos a seguir e manter praticamente

o mesmo sentido: acabar, findar, perecer, sumir, desaparecer, escoar, morrer, esvair, rematar, ultimar, executar, concluir, levar a cabo, encerrar, pôr termo, eliminar, selar.

Como exercício, encontre outros termos analógicos ou afins que poderiam substituir as palavras destacadas e continuar dando sentido semelhante a este trecho da obra *Albertina desaparecida*, de Marcel Proust:

"Sofrimento, **sequela** de um choque moral **imposto**, **aspira** a **mudar** de forma; esperamos que ele se volatilize fazendo **projetos**, solicitando **indícios**; desejamos que ele passe por suas incontáveis **metamorfoses**, pois isso **exige** menos coragem do que guardar nosso sofrimento aberto; parece tão **duro**, tão estreito, tão frio, esse leito em que nos deitamos com a nossa dor!".

A princípio, coloque as palavras que puder lembrar sem ajuda do dicionário; em seguida, pesquise outros termos em um dicionário analógico ou de termos afins, mais eficiente do que os dicionários de sinônimos, quando se trata de expressar determinada ideia, porque agrupa as palavras relacionadas ao conceito que a ideia transmite ou que com ela têm analogia.

sequela – _____

imposto – _____

aspira – _____

mudar – _____

projetos – _____

indícios – _____

metamorfoses – _____

exige – _____

duro – _____

Selecione outros textos e faça exercícios seguindo a mesma orientação dada no exercício anterior.

Não se sinta frustrado por não conseguir desenvolver rapidamente o vocabulário. O estudo contínuo e os exercícios praticados são muito mais importantes do que exageros repentinos intercalados por longos períodos de afastamento sem se dedicar ao aprendizado.

Se você dispuser de uma a duas horas por semana para o estudo das novas palavras e identificação de termos analógicos, estará no caminho certo para conquistar um poderoso vocabulário a médio prazo.

O palavrão e a gíria

O palavrão e a gíria devem ser evitados pelo advogado no exercício das suas funções. Exceto nos casos que envolvam, por exemplo, dano moral, em que a prova a ser apresentada em audiência é justamente o termo ofensivo, que não raro pode ser um palavrão — vide o caso de uma decisão do juiz da 62ª Vara do Trabalho de São Paulo que reconheceu, por meio de testemunha, que o proprietário de uma empresa tratava a empregada com palavras de baixo calão, como "car..." e "vai tomar no ...".

Se há um "recurso eficiente" para prejudicar a imagem de um advogado e comprometer sua credibilidade é o uso de palavras vulgares. Alguns imaginam, ingenuamente, que, falando palavrões e gírias, estarão projetando uma imagem descontraída e natural. Ao contrário, o advogado que se expressa com esse tipo de vocabulário com o tempo tem sua imagem desgastada, deteriorada e, como consequência, corre o risco de enfraquecer e prejudicar a própria credibilidade. Tome cuidado especial quando seu relacionamento com clientes, colegas de trabalho e outros profissionais for mais frequente, porque a tendência é ir se despoliciando e passar a usar com mais liberdade expressões vulgares. Sem que você se dê conta, no transcorrer do tempo, talvez seja visto como um advogado com muita habilidade para tratar de futilidades, mas sem o respeito profissional necessário para o bom desempenho de suas atividades. Afaste o palavrão e a gíria do seu vocabulário nas situações mais formais, principalmente quando estiver atuando como advogado.

O palavrão, com todas as ressalvas que poderiam ser consideradas, só seria aceitável em uma roda de amigos muito íntimos, no meio de uma conversa bastante descontraída e informal. Mesmo assim, não seria possível afirmar que ele não pudesse, até nessas circunstâncias especiais, comprometer a qualidade da comunicação. Na dúvida, elimine-o.

O uso da gíria, embora também seja criticável na maioria das situações, em determinadas circunstâncias, quando você a utiliza com inteligência, demonstrando ao público que a emprega conscientemente, pode ser até uma boa forma de se aproximar dos ouvintes.

O que você precisa ter em mente é que o uso exagerado dessas palavras deve ser evitado, pois elas sempre podem trazer prejuízos para a qualidade da comunicação e, consequentemente, à sua imagem como advogado.

Há, entretanto, advogados que conseguem se valer de palavrões e gírias de uma forma tão espontânea em suas apresentações, especialmente nas palestras que proferem, que, além de não agredirem os ouvintes, são vistos com simpatia e até conquistam a admiração da plateia. São casos muito raros, raríssimos, e mesmo esses advogados precisam, com o tempo, conhecer com precisão até onde podem chegar, pois sabem que, se caírem na vulgaridade, poderão comprometer os resultados de suas apresentações e até sua reputação.

Não confunda também a liberdade e a desenvoltura de alguns apresentadores de televisão que fazem sucesso usando o palavrão e a gíria. Não se esqueça de que, como artistas, para serem engraçados, conquistaram uma espécie de licença para se expressar com esse vocabulário. Talvez não seja o seu caso quando atua como advogado no dia a dia e nas apresentações que precisa fazer diante do público. Analise bem sua situação e seja sempre bastante precavido.

Durante vários anos preparei as apresentações dos projetos experimentais dos alunos do último ano do Curso de Relações Públicas da Escola de Comunicações e Artes da Universidade de São Paulo. São trabalhos magníficos, realizados com verdadeiro critério profissional e muito bem dirigidos e orientados. Os alunos desenvolvem o projeto dentro de uma empresa e, no final do ano, o resultado é apresentado diante de uma banca examinadora constituída por diretores, professores, profissionais da área e empresários.

No treinamento desses jovens, além de cuidar da apresentação como um todo, precisei dedicar sempre especial atenção ao vocabulário utilizado. Os estudantes, acostumados a um linguajar mais solto e descontraído, eram constantemente orientados a evitar o excesso de gíria na apresentação diante dos examinadores, para não comprometer a qualidade do trabalho. Com os estudantes de Direito a situação não é diversa. Na verdade, para o advogado, o rigor da linguagem técnica deve ser ainda mais considerado.

Os termos incomuns

Um vocabulário desleixado, com excesso de repetições e de expressões sem consistência — como dizer "essa coisa" ou "esse negócio" para designar qualquer tipo de informação ou objeto —, por mais que seja suficiente para comunicar uma mensagem, mostrará falta de preparo e de formação intelectual do advogado e poderá enfraquecer sua credibilidade. Por outro lado, se você for um advogado que fala com um vocabulário repleto de termos incomuns, pouco usados pela maioria das pessoas, em determinadas situações — como em entrevistas para programas de rádio, para falar de direito de família, por exemplo —, por causa do uso de termos rebuscados correrá o risco de não ser compreendido. E, quando os ouvintes encontram dificuldade para entender as palavras, deixam de prestar atenção na mensagem.

É lógico que essa preocupação não deve existir se o público for constituído de pessoas bem preparadas, pois, mesmo que elas não entendam determinada palavra, a formação delas lhes permitirá identificar o significado daquele vocábulo no contexto. Todavia, nem sempre você encontrará um grupo de pessoas com essas características. Por causa de sua formação abrangente e, não raro, boa capacidade de liderança, talvez você, como advogado, tenha até de se apresentar diante de plateias numerosas que não estejam diretamente ligadas à área do Direito e falar para ouvintes de nível intelectual médio ou baixo. Nessas circunstâncias especiais, o vocabulário simples, constituído de termos mais comuns, será sempre preferível, pois, além de transportar sua mensagem de maneira correta, ajudará também a projetar sua imagem de forma positiva diante do público.

Por isso, analise muito bem o nível intelectual predominante dos ouvintes para adequar o seu vocabulário à capacidade de compreensão da plateia. Considere também que, pelo fato de você ser um profissional da área do Direito, o público terá expectativa de determinada qualidade da linguagem. Será sempre possível usar um bom vocabulário que corresponda à sua formação e vá ao encontro dos anseios do público. Todos esses fatores precisam ser considerados para que o vocabulário seja apropriado à sua atividade advocatícia e cumpra bem a função de comunicar a mensagem.

O vocabulário técnico

Cada atividade profissional possui um vocabulário próprio, composto por termos técnicos que identificam seu assunto específico e facilitam a comunicação entre aqueles que atuam na mesma área.

Assim, o advogado, o médico, o engenheiro, o economista, o administrador de empresas, cada um desses profissionais possui um vocabulário apropriado para suas respectivas áreas de atuação. Se você tiver de falar para pessoas que estejam atuando na área do Direito e fizer uso de expressões técnicas, estará se valendo de um recurso que, além de facilitar a comunicação com o grupo, ajudará você a projetar uma imagem profissional positiva.

Tenha em conta ainda que os termos jurídicos possuem significado particular, que nem sempre corresponde à linguagem comum. Sobre esse tema, Edmundo Dantès do Nascimento, em seu livro *Lógica aplicada à advocacia*, cita uma frase da obra *Vocabulário jurídico forense*, de autoria de De Plácido e Silva:

> *"Em relação aos prazos, dilatação, prorrogação e renovação, aparentemente análogos no conceito vulgar, exprimem no sentido jurídico conceitos próprios, que não se identificam nem se confundem, como ocorre na linguagem vulgar".*

Entretanto, se usar um vocabulário próprio de advogados diante de pessoas que não estejam familiarizadas com tais termos, estará cometendo um erro de comunicação e correndo o risco de prejudicar o resultado da sua apresentação.

Quando a plateia for heterogênea, isto é, composta tanto de advogados como de outras pessoas de áreas distintas, você deverá empregar termos que sejam de fácil compreensão para todos os ouvintes. Se usar inadvertidamente ou por necessidade um termo técnico do Direito, precisará ter a precaução de explicá--lo com palavras que possam ser entendidas por todos. Só tome cuidado para ser sutil nessas explicações, de modo que as pessoas não se sintam ofendidas.

O fato de advogados de gerações passadas usarem algumas expressões em latim era visto com naturalidade. Hoje, essa prática é cada vez mais rara. Atualmente, como consequência da globalização, está cada vez mais comum, entre advogados, a utilização de estrangeirismos, especialmente termos em inglês. Se você tiver intenção de usar expressões de uma outra língua, analise bem as características dos ouvintes. Tenho ministrado cursos para advogados de escritórios que, por causa do relacionamento que mantêm com o exterior, comunicam-se com frequência em inglês. Diante desses advogados, se você usar uma ou outra expressão da língua inglesa, será ouvido sem resistência. Por outro lado, há escritórios que limitam sua atuação ao território nacional, e os advogados que neles militam possivelmente não estão familiarizados com a comunicação em outro idioma. Neste caso, se você exagerar no uso de palavras ou expressões em outra língua, provavelmente receberá avaliação negativa.

O chavão e as frases vulgares

Com o excesso de uso ou por serem muito populares, algumas frases foram se desgastando e perdendo o impacto que poderiam provocar nos ouvintes.

Antes de usar uma frase feita, analise se ela provocará o efeito que você deseja. Coloque-se no lugar do ouvinte e imagine alguém empregando a mesma expressão. Como você reagiria?

Alguns advogados praticamente se "especializam" em usar chavões e se mostram orgulhosos por terem à disposição pérolas para todas as ocasiões, sem perceber que às vezes estão sendo inconvenientes e prejudicando a própria imagem. Lembro-me de uma convenção promovida por uma instituição financeira em que estavam reunidos o presidente, o vice-presidente, diretores e gerentes. O gerente do departamento jurídico tinha o hábito de sacar uma frase pronta toda vez que uma ideia era levantada. Nas primeiras vezes, foi ouvido naturalmente, mas, lá pela décima vez, o presidente voltou-se para o diretor de Recursos Humanos e perguntou quem tinha sido o responsável pela contratação daquele profissional. Ou seja, indiretamente, estava perguntando se ninguém havia percebido que aquele advogado era um chato. Naquele momento, já não importava o fato de ele ter ou não qualidades profissionais, pois a atitude dele funcionou como um poderoso obstáculo para as pretensões profissionais que poderia ter na organização.

Por isso, evite introduzir em sua comunicação frases extraídas desses manuais populares com mensagens para todas as ocasiões, pois elas são mesmo para todas as ocasiões e, por isso, já foram exaustivamente utilizadas. E se julgar que uma frase é muito boa para determinada circunstância e não resistir à tentação de usá-la, faça-o de maneira a parecer que ela surgiu ali no momento da exposição e pare por aí. Lembre-se de que, de maneira geral, o uso de chavões não é sinal de inteligência ou de preparo intelectual, tampouco de presença de espírito.

Repetições viciosas

Algumas expressões indevidas acabam se incorporando à maneira de certos advogados falarem. As mais comuns são o "né?" e o "tá?", no final das frases, e os irritantes "ãããããã", "ééééé" e "huumm" colocados durante as pausas.

Em casos mais graves, encontramos até grandes expressões no final de cada frase. Nessa categoria, temos os conhecidos "você tá me entendendo?", "tá compreendendo?". Conheci um caso raro, e até engraçado, que no princípio me deixou espantado: era um senhor de mais ou menos sessenta anos, empreiteiro de obras, que, antes de iniciar cada frase, dizia rapidamente: "O negócio condição seguinte". Era um vício de que talvez ele nunca tivesse tomado consciência.

Observe se esses "ruídos" não estão presentes na sua comunicação e trabalhe rapidamente para eliminá-los, pois podem desviar a atenção dos ouvintes e até comprometer sua autoridade profissional.

A maioria não tem consciência de que possui defeitos dessa natureza. Alguns ficam assustados, durante as aulas do nosso Curso de Oratória, quando descobrem as falhas ao assistirem pela primeira vez ao vídeo da apresentação que fizeram.

O problema pode ser originado pelo hábito que se desenvolve sem que o advogado perceba, devido à insegurança de estar diante de uma plateia, ou por não se sentir convenientemente preparado para discorrer sobre o assunto.

A fim de que esses defeitos possam ser eliminados, o primeiro passo é descobrir a existência do problema e estar convencido da necessidade de superá-lo. Observe também que o "né?", o "tá?" e outras expressões semelhantes aparecem normalmente em duas circunstâncias:

- quando, por inabilidade oratória, a entonação usada pelo advogado no final da frase não é apropriada para encerrar, isto é, a última palavra é pronunciada como se a frase fosse continuar.
- quando, pela insegurança ou inobservância, a entonação do advogado indica uma pergunta em vez de uma afirmação.

Assim, essas expressões surgem como apoio para dar a entonação de quem está perguntando ou para servir de encerramento. Portanto, para ajudar a corrigir esse problema, é recomendável exercitar o final das frases, dando à última palavra a entonação própria de quem vai encerrar — e não a de quem irá prosseguir — e a de quem está afirmando — e não perguntando. No início, depois de se conscientizar da existência do vício, toda vez que ele aparece, o advogado fica revoltado e não se conforma com o fato de cometer um erro involuntário e não se sentir competente para eliminá-lo. Com o tempo, a frequência diminui, até chegar a números insignificantes. Um profissional do Direito que, por todos os motivos que acabamos de analisar, diz dezenas de "nés?" a cada vez que se pronuncia em público, depois de um período de trabalho para eliminá-los consegue se expressar com um número que não compromete a qualidade da comunicação.

Outro passo importante na superação dos vícios, principalmente no uso dos "ãããããã", "éééé" e "huumm", é aprender a pensar em silêncio. O fato de o pensamento trabalhar em uma velocidade muito maior do que a usada para pronunciar as palavras leva o advogado — que já sabe o que pretende dizer, mas que ainda não está de posse da expressão apropriada — a usar esses ruídos como se quisesse avisar que já sabe o que pretende comunicar, mas ainda não encontrou as palavras certas. É como se dissesse assim: "Eu sei o que quero dizer, ééééé, ããããã". Além desse motivo, a tensão que o advogado sofre quando está falando diante do público pressiona-o a preencher todas as pausas com algum tipo de som. Com esse ruído, é como se o advogado se libertasse do silêncio desconfortável.

Tenha em mente que o silêncio é positivo e muito necessário à comunicação e que o fato de você ficar alguns segundos sem emitir nenhum som possivelmente o ajudará a valorizar as informações transmitidas, aumentando o interesse do auditório por aquilo que você irá dizer ou facilitando o entendimento do que acabou de comunicar, além de tornar sua fala mais expressiva, natural e agradável.

Os outros mecanismos para eliminar os vícios, além da prática, são a melhor preparação do assunto a ser apresentado e a consequente tranquilidade que advém desse preparo.

Uma história sobre o uso adequado da palavra

Esta história foi contada em sala de aula por um aluno que é juiz de Direito. Ele disse aos colegas de curso que, no início de sua carreira, teve de trabalhar em uma cidade do interior. A localidade era muito pequena, e quase todos os habitantes se conheciam pelo nome.

Frequentavam a mesma praça, o mesmo supermercado e, no final de semana, depois da missa, iam ao único campo de futebol para se divertir vendo os pernas de pau baterem uma bola. As atividades do juiz eram tranquilas: tirando uma ou outra discussão de vizinhos por causa de divisa de propriedade, quase nunca havia novidade. Um belo dia, durante um julgamento, ele precisou usar de muito jogo de cintura para sair de uma saia justa. Para elucidar o caso que estava sendo julgado, era preciso saber se o réu tinha ou não o hábito de beber muito. Em determinado momento, o juiz se volta para um velho companheiro de bocha, que fora chamado como testemunha, e naturalmente faz a ele uma pergunta, como se estivessem batendo papo, tomando uma cervejinha no boteco:

— Juarez, conta pra *nóis* aqui: você sabe se o Zé Antonio bebe muito?

Sem se dar conta de que estava participando de um julgamento, Juarez respondeu como se também estivesse conversando na pracinha:

— Ó doutô, pra explicá assim de um jeito facinho de entendê, digo que ele bebe que nem nóis. Nem mais, nem menos.

Sentindo que estava com uma batata quente nas mãos, o juiz virou-se para quem fazia as anotações e orientou a pessoa com a severidade própria do cargo e da posição que ele ocupava:

— Para que não pairem dúvidas sobre esta questão, deve ficar consignado que a testemunha alega que o réu bebe... moderadamente.

Graças à sua habilidade com o uso do vocabulário, o juiz conseguiu afastar o constrangimento provocado por aquela inesperada situação.

Capítulo 4

A expressão corporal

A expressão corporal, juntamente com a voz e a palavra, é responsável pelo transporte da mensagem do advogado aos ouvintes.

Embora cada um desses condutores tenha a sua importância própria, e a falta ou deficiência de um deles possa comprometer todo o processo de comunicação, o papel da expressão corporal é mais evidente.

Um estudo realizado pelo psicólogo Albert Mehrabian concluiu que a transmissão da mensagem do orador para os ouvintes tem a influência de 7% da palavra, 38% da voz e 55% da expressão corporal.

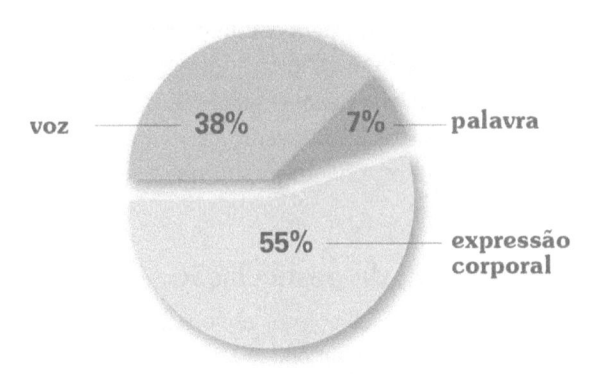

Vemos, assim, que os movimentos do corpo, o jogo fisionômico, o olhar, os gestos são fatores muito importantes no processo de comunicação.

No estudo da expressão corporal serão observados os seguintes itens:

- o cuidado com as regras;
- o processo natural da gesticulação;
- os dois maiores erros da gesticulação;
- atitudes desaconselháveis;
- a boa expressão corporal para falar;
- como falar sentado.

O cuidado com as regras

Advogado, tenha muito cuidado com as regras criadas para orientar a postura e a gesticulação. Lembre-se de que não são leis que precisam ser seguidas e respeitadas sempre. Elas são úteis e podem ser observadas como orientação geral de comportamento, mas nunca tomadas como norma a ser seguida obrigatoriamente em todas as ocasiões.

Uma atitude desaconselhada pela regra da expressão corporal a determinada circunstância poderá ser recomendada para outra, com resultados positivos. Por exemplo, todos nós sabemos que não se deve colocar a mão no bolso durante a apresentação. Embora a regra seja clara nesse sentido, em algumas situações você poderá, sem comprometer a comunicação, adotar esse comportamento, que constituirá até uma atitude positiva diante do público, desde que por pouco tempo e de maneira natural.

Assim, entenda as orientações que serão dadas como um bom caminho a seguir, mas elas não deverão escravizá-lo a ponto de tolher o seu desempenho ou prejudicar sua naturalidade no exercício da advocacia.

O processo natural da gesticulação

Observe como você e os seus colegas advogados gesticulam quando estão conversando descontraidamente. O gesto obedece a um processo natural, isto é, ocorre antes da palavra ou junto com ela, não depois.

Quando você pensa no que vai falar, assim que a ideia aparece emite uma ordem para o seu corpo, que imediatamente obedece com o movimento — depois é que irá pronunciar as palavras.

Se você pensar na ação de afastar, por exemplo, movimentará o braço no sentido lateral com a palma da mão voltada para fora, como se estivesse afastando algo, e comunicará a mensagem com as palavras "Eu afastei".

Os dois maiores erros da gesticulação

Entre todos os erros que poderiam ser apontados na gesticulação dos advogados, os dois maiores são:

* a ausência de gestos;
* o excesso de gesticulação.

A ausência de gestos

O corpo participa ativamente no processo de comunicação, e os seus movimentos auxiliam no transporte da mensagem. Por isso, se você não usar os gestos ou ficar imóvel ao falar, não estará aproveitando um dos recursos mais valiosos que tem à disposição.

O excesso de gesticulação

O excesso de gesticulação é ainda mais grave do que a sua falta, especialmente na comunicação de um advogado. Se você não gesticular, mas comunicar uma mensagem interessante, os ouvintes conseguirão seguir o desenvolvimento do seu raciocínio e assimilar as informações. Se, entretanto, você falar com excesso de gestos, mesmo que o conteúdo seja bom, os movimentos exagerados dos braços poderão desviar a concentração dos ouvintes e até dificultar o entendimento da mensagem.

Atitudes desaconselháveis

Em primeiro lugar, vou relacionar as atitudes consideradas desaconselháveis para o advogado expressar-se com o corpo, pois, sabendo o que deve ser evitado, será mais simples descobrir o comportamento adequado.

Lembre-se mais uma vez de que o fato de essas atitudes serem consideradas desaconselháveis não significa que estejam sempre erradas. Dependendo do momento e da forma como você se comportar, o que em geral é desaconselhável em uma circunstância poderá ser o mais apropriado em outra.

De maneira geral, não fale com as mãos nos bolsos ou nas costas, com os braços cruzados, apoiados o tempo todo sobre a mesa, a tribuna ou a haste do microfone. Evite os gestos abaixo da linha da cintura ou acima da linha da cabeça.

Alguns gestos geralmente desaconselháveis.

Não se apresente com postura humilde, de alguém derrotado, nem com prepotência, com ar arrogante.

Algumas posturas desaconselháveis.

Não se movimente diante do público de maneira desordenada, de um lado para o outro, sem objetivo. Não abra demasiadamente as pernas, também não as feche muito para não perder o equilíbrio, nem fique apoiado com o corpo de maneira deselegante, ora sobre uma perna, ora sobre outra. Tenha cuidado para não ficar com as pernas em uma postura rígida, parecendo uma estátua.

Algumas posições geralmente desaconselháveis das pernas.

Diante do público, observe os gestos involuntários, como coçar a cabeça, segurar a gola da blusa ou do paletó, mexer na aliança, na pulseira, distrair-se com um lápis ou uma caneta e tantos outros movimentos inconvenientes.

Cuidado com os gestos involuntários.

A boa expressão corporal para falar

Cada profissional tem o seu jeito de ser e uma maneira própria de se comportar. Os gestos e a postura usados por um advogado nem sempre serão os mais indicados para outro. Existe, entretanto, uma linha de comportamento que pode ser sugerida para a maioria dos casos e adaptada de acordo com as características de cada profissional.

Para desenvolver uma boa expressão corporal, observe as seguintes orientações:

* faça um gesto para cada informação predominante na frase;
* não tenha pressa de voltar à posição de apoio;
* gesticule com os braços acima da linha da cintura;
* faça o movimento a partir do ombro;
* varie os gestos;
* varie a posição de apoio;
* marque o ritmo da fala com os braços na frente do corpo;
* estabeleça um sincronismo harmonioso entre o gesto, a voz e a mensagem;
* posicione-se naturalmente sobre as duas pernas;
* use o semblante para se comunicar com mais expressividade;
* olhe para os ouvintes.

Faça um gesto para cada informação predominante na frase

Cada frase possui uma ou duas informações de sentido predominante na mensagem. Faça um gesto para cada uma das informações predominantes, e não um gesto para cada informação.

Veja esta frase como exemplo:

Há vinte anos, um grupo de advogados construiu este escritório com esforço e sacrifício.

Se você imaginar que a informação predominante seja o tempo transcorrido, fará apenas um gesto no início da frase com o dedo polegar apontando para trás na altura do ombro, ou com o dedo indicador apontando para a lateral, ou qualquer outro movimento que indique um fato no passado, e permanecerá assim até o encerramento da frase.

Se a informação predominante for, entretanto, a existência do grupo de advogados, poderá usar as duas mãos voltadas para cima com os dedos abertos, como se estivesse segurando uma bola. Ou poderá realizar outro gesto semelhante, permanecendo assim até o final da frase.

Finalmente, se a informação predominante for o fato de o grupo ter construído o escritório com esforço e sacrifício, você poderá usar uma ou as duas mãos fechadas, para demonstrar essa mensagem.

É claro que seria extremamente ridículo se os três gestos fossem usados seguidos para indicar cada uma das informações dessa frase.

Haverá casos, entretanto, em que em uma mesma frase você encontrará mais de uma informação predominante. Nessas circunstâncias, deverá fazer um gesto para cada uma delas.

Não tenha pressa de voltar à posição de apoio

A posição de apoio ocorre quando as mãos e os braços estão parados, sem gesticulação. Pode ser com os braços ao longo do corpo, à sua frente, acima da linha da cintura, com as mãos sobre a mesa ou a tribuna, ou até, eventualmente, nos bolsos ou nas costas.

Um erro muito comum, cometido sobretudo por advogados iniciantes, que ainda estão dando os primeiros passos na oratória, é fazer um movimento com o braço e voltar rapidamente à posição de apoio, para logo em seguida repetir o gesto e mais uma vez retornar depressa à mesma posição, procedendo sempre dessa forma durante sua exposição — fazendo gestos e retornando à posição anterior. Essa atitude pode demonstrar insegurança e produzir excesso de gesticulação.

A regra é praticamente um complemento da orientação anterior. Faça o gesto e aguarde pacientemente com ele na posição indicativa da ideia até o final da frase ou do raciocínio. Depois de completada a informação, verifique se não haverá uma outra complementar que exigirá também um gesto correspondente, podendo partir do ponto em que a mão está, sem necessidade de retroceder à posição de apoio para o início de novos gestos. Se a ideia for completada com o primeiro movimento e não existir outra informação que exija a sequência dos gestos, aí, sim, será possível voltar naturalmente à posição de apoio.

Agindo assim, você poderá fazer gestos o tempo todo sem apresentar excesso de gesticulação.

Gesticule com os braços acima da linha da cintura

Gestos realizados abaixo da linha da cintura, a não ser em casos excepcionais, têm pouca expressividade e reduzido valor dentro do processo de comunicação. O gesto é mais expressivo quando realizado acima da linha da cintura e normalmente abaixo da linha da cabeça.

Observe que não estou dizendo para deixar os braços o tempo todo acima da linha da cintura, pois essa provavelmente seria uma atitude desaconselhável. Se você falar com eles ao longo do corpo, com uma postura natural de apoio, mesmo posicionados abaixo da linha da cintura, não estará cometendo uma falha de gesticulação. Agora, no momento de fazer o gesto, será mais apropriado realizá-lo acima da linha da cintura.

Faça o movimento a partir do ombro

Quando o gesto é realizado apenas com o antebraço, mantendo-se os cotovelos junto ao tronco, você poderá demonstrar que está acuado, hesitante e sem convicção. Se essa atitude ocorrer uma vez ou outra, não prejudicará a comunicação, principalmente se você for mulher, pois em determinadas circunstâncias poderá conseguir com essa postura encontrar uma forma eficiente de se comunicar. Entretanto, gesticular assim o tempo todo é desaconselhável.

O gesto natural parte do ombro e é realizado com o braço todo, formando entre ele e o tronco um pequeno ângulo.

Evite manter os cotovelos junto ao tronco; gesticule com o movimento do braço a partir do ombro.

Varie os gestos

Se os gestos forem sempre os mesmos, ficarão evidentes e serão percebidos com facilidade pelo público. Diversifique a gesticulação, ora usando os dois braços, ora apenas um deles. Em determinado momento, fale com as palmas das mãos voltadas para o público, como se elas estivessem explicando uma informação. Em seguida, gesticule com as mãos voltadas para cima — deixe os dedos esticados, depois posicione-os dobrados, tocando as pontas uns dos outros.

Varie os gestos.

Varie a posição de apoio

Varie também a posição de apoio, deixando, em um momento, as mãos à frente do corpo, acima da linha da cintura; em outro, sobre a mesa ou mantendo os braços ao longo do corpo. Evite permanecer sempre na mesma posição de apoio, para não passar uma imagem insegura ou artificial aos ouvintes.

Varie a posição de apoio.

Marque o ritmo da fala com os braços na frente do corpo

Alguns gestos são realizados apenas para marcar o ritmo, acompanhando a inflexão da voz e a velocidade da fala. Prefira fazer esses movimentos na frente do corpo, na parte central do tronco. Nessa região, eles são mais elegantes do que se fossem realizados com os braços afastados, na parte lateral do corpo.

Gestos de marcação.

Estabeleça um sincronismo harmonioso entre o gesto, a voz e a mensagem

Durante a fala é preciso haver um sincronismo harmonioso entre o gesto, a voz e a mensagem. O gesto deve indicar o sentido da mensagem, mas também corresponder ao tom e à inflexão da voz para construir um conjunto estético dentro do processo da comunicação.

Se, entretanto, você tiver de fazer uma escolha por dois dos três componentes, é melhor que o gesto corresponda mais ao tom e à inflexão da voz do que à mensagem. Assim, se uma informação agressiva for apresentada com ironia, com a voz mais baixa e branda, o gesto deverá abandonar a dureza da mensagem e ser executado com a mesma suavidade da voz.

Posicione-se naturalmente sobre as duas pernas

Sem que esta postura o obrigue a ficar em uma posição rígida, distribua naturalmente o peso do corpo sobre as duas pernas, deixando-as um pouco afastadas uma da outra.

As mulheres, em especial quando estiverem usando saia ou vestido, poderão deixar uma das pernas um pouco à frente da outra. É uma postura elegante. Embora eu tenha mencionado a variação do posicionamento das pernas para as mulheres, não significa que os homens também não possam usar esse tipo de apoio. Se você for homem e essa postura lhe der equilíbrio e deixá-lo confortável, fique à vontade para usá-la.

Uma das posições recomendadas para as pernas.

Supondo que, em sessão do Tribunal do Júri, você queira se locomover diante do Conselho de Sentença, poderá fazê-lo, desde que tenha algum objetivo, como mudar o foco de atenção, aproximar-se de algum jurado que não esteja demonstrando interesse pela sua tese jurídica, imprimir convicção ao que diz ou qualquer outra razão que justifique esses movimentos.

Entretanto, andar de um lado para outro sem objetivos definidos, porque está inseguro ou não sabe o que fazer, é uma atitude condenável que precisa ser contida. Até inconscientemente os jurados percebem que o advogado se comporta assim por insegurança e podem, mesmo sem razão, interpretar que o seu desconforto decorre das alegações da acusação, no caso, mais convincentes ou verossímeis que as dele.

Use o semblante para se comunicar com mais expressividade

A fisionomia é um dos maiores indicadores das nossas intenções e sentimentos. A tristeza, a alegria, o ódio, a compaixão, a esperança, a benevolência, enfim, todos os sentimentos são refletidos pela nossa fisionomia. Por isso é fundamental observar se você não está apresentando contradições entre o que diz com as palavras e o que demonstra com o semblante. É o caso, por exemplo, do advogado que chega preocupado com sua apresentação, com o semblante contraído e marcado pela ansiedade, e inicia dizendo: "Eu estou muito feliz por estar aqui hoje com vocês". É possível que alguém no auditório se pergunte: "Como estaria a fisionomia desse advogado se não estivesse feliz?".

Procure gravar com uma filmadora algumas das suas apresentações, analise o seu semblante e verifique se ele está de acordo com a sua mensagem. Se observar alguma incoerência, tente descobrir qual é a parte que tem mais influência na comunicação fisionômica: a posição do queixo, os lábios, a maneira de cerrar os olhos ou de erguer as sobrancelhas? Em seguida, trabalhe para corrigir a falha até que a expressão do semblante seja a mesma transmitida pelas palavras.

Nunca é demais lembrar que o sorriso é uma das armas mais poderosas da comunicação. Sempre que a circunstância permitir, sorria, demonstre que você está satisfeito por falar com as pessoas presentes e sente prazer em expor o assunto.

Olhe para os ouvintes

Com a comunicação visual, você atingirá dois objetivos: receberá o retorno do comportamento do público e valorizará a presença dos ouvintes.

Quando você olha para as pessoas, percebe, pelas reações delas, se estão entendendo, concordando com seu ponto de vista ou assimilando a mensagem. Se você notar qualquer tipo de desinteresse do público, alguma discordância ou dificuldade de entendimento nas informações, será possível modificar sua atitude, adaptando a mensagem para reconquistar a atenção e o interesse dos interlocutores. Imagine-se em uma palestra. Se você não olhar para o auditório, não será possível descobrir como o público está reagindo e que tipo de alteração você deverá fazer. Essa deve ser uma preocupação frequente na comunicação do advogado, pois, se não perceber a reação dos ouvintes e não adaptar a mensagem diante da nova circunstância, sua apresentação poderá ser prejudicada.

O outro objetivo da comunicação visual é valorizar os presentes, de forma que se sintam prestigiados. Se eles não perceberem a sua comunicação visual, poderão sentir-se alheios àquele ambiente e se comportar como se a mensagem não lhes estivesse sendo dirigida.

Se estiver ministrando uma palestra, ou falando em público em qualquer outra circunstância, ao olhar para a plateia, não se apresente com aquele brilho nos olhos característico de quem está lendo um papel na própria mente. Também não olhe rápido demais de um lado para o outro, pois não conseguirá enxergar as pessoas, nem olhe com aquele jeito desconfiado, girando apenas os olhos, sem mover a cabeça.

"Olhe" com o corpo todo para os ouvintes, isto é, ao olhar para as pessoas que estão sentadas à esquerda, gire o tronco e a cabeça para esse lado da plateia, deixando que todos percebam que você está com os olhos voltados nessa direção. Ao olhar para as pessoas que estão sentadas à direita, proceda da mesma forma.

O fato de girar o tronco e a cabeça para ver o auditório, além de permitir o retorno, sabendo como as pessoas estão reagindo à apresentação, e de prestigiar a presença dos ouvintes, que percebem com essa atitude o seu contato visual, torna possível a conquista de um terceiro objetivo: com a movimentação, você irá quebrar a rigidez da postura, e a flexibilidade do tronco deixará mais natural o seu posicionamento.

"Olhe" para o público com o corpo todo.

Olhe para todos os lados do auditório: para as pessoas que estão sentadas na frente, no centro e na parte de trás da plateia. Durante toda a apresentação, fique atento ao público para que este perceba o interesse que você tem.

Não se desespere se, por acaso, alguém sair no meio da apresentação ou cochilar enquanto você estiver falando. Esses fatos podem ocorrer com a comunicação de qualquer advogado e raramente estão relacionados com o seu desempenho. Alguém pode cochilar devido a uma noite maldormida ou sair da sala forçado por um compromisso inadiável. Mantenha sempre a calma e preocupe--se com o comportamento geral do auditório, não com uma ou outra atitude isolada.

Manoel Pedro Pimentel, catedrático de Direito Penal na Faculdade de Direito da Universidade de São Paulo, comentou na conferência "A oratória perante o júri" a respeito da importância do contato visual do advogado:

"Iniciados os trabalhos do júri, deve o orador concentrar toda a atenção nos movimentos e reações dos jurados, anotando o que parecer relevante ou oportuno.

Principalmente durante o interrogatório do réu e a inquirição das testemunhas em plenário podem ser significativas as expressões fisionômicas, a postura, as perguntas feitas ou outras reações dos jurados.

Estas observações permitirão aprimorar o plano do discurso, adaptando-o ou enriquecendo-o com tais anotações, corrigindo senões, abandonando, por desnecessários, certos tópicos, para conferir maior ênfase a argumentos até então tidos como secundários".

Como falar sentado

Embora falar em pé seja a atitude recomendável para um advogado, pois, assim, normalmente, terá mais poder e domínio sobre os ouvintes, não existe regra que o obrigue a falar sentado ou em pé. Isso depende da circunstância e do ambiente onde se encontrar, exceto nos casos de obrigação protocolar, como nos debates no Tribunal do Júri, em que, após a palavra dada à acusação, o defensor do réu se manifesta e, a seguir, tem-se a réplica da primeira e a tréplica do segundo, bem como a sustentação oral no Supremo Tribunal Federal, quando o advogado, diante do microfone, pode atuar, mediante deferimento do Relator, na condição de *amicus curiae* em processos de ação direta de constitucionalidade, ação declaratória de constitucionalidade ou arguição de descumprimento de preceito fundamental. Entretanto, nos demais casos, se o advogado estiver sentado mas encontrar dificuldade em enxergar alguma parte da plateia, ou alguns ouvintes não conseguirem vê-lo, a orientação é para falar em pé. Além desse fator, verifique como os outros advogados se comportam na ocasião. Se todos falarem sentados, prefira se apresentar assim. Se, ao contrário, todos se levantarem para falar, levante-se também. Se você for o primeiro a se apresentar e não tiver nenhum indicativo de como deverá proceder, observe a recomendação inicial e apresente-se como se sentir melhor.

Ao falar sentado, evite cruzar os pés em forma de "x" embaixo da cadeira, porque essa postura poderá demonstrar que você está se sentindo pressionado e não muito à vontade naquele local.

Posições desaconselháveis para falar sentado.

Também não estique as pernas para se estirar na cadeira, porque essa é uma atitude negligente, desaconselhável para um advogado, que pode erguer uma barreira entre você e o público.

Outro cuidado para ficar sempre com uma postura firme e confiante é não pender o corpo demasiadamente para um dos lados da cadeira que possui braços.

Posicione-se com os dois pés no chão. Essa postura projeta uma imagem segura e dá condições para que você se movimente com o tronco com mais liberdade nos momentos em que quiser transmitir convicção sobre as informações comunicadas, ou pôr mais ênfase em determinada mensagem.

Outra postura recomendada para quando estiver sentado é cruzar uma das pernas sobre a outra encostando as coxas. Além de elegante, possibilita também a inclinação do tronco quando for necessário e é indicada, principalmente, para falar sem uma mesa à frente.

Posições adequadas para falar sentado.

Se por acaso você engordou um pouco e não consegue cruzar as pernas dessa maneira ou se estiver em uma circunstância bem informal, cruze-as em forma de quatro, colocando a região próxima do tornozelo da perna que está em cima sobre a coxa da que está embaixo. Nesse caso, tenha o cuidado de virar a sola do sapato na direção do piso, pois alguns povos consideram uma ofensa alguém mantê-la voltada para o rosto dos outros. Cuidado! Use essa postura apenas em circunstâncias excepcionais, pois não é uma atitude esperada no comportamento de um advogado.

Se você for advogada, poderá contar ainda com mais duas posições das pernas quando estiver sentada: uma delas é cruzar os pés em forma de "x", com um deles apoiado com a ponta no chão e sustentando, por trás, o outro, que ficará suspenso. As pernas deverão se manter encostadas uma à outra e colocadas próximo ao pé da cadeira que estará do lado da perna apoiada no chão. Essa postura, embora possa ser usada por todas as mulheres, beneficia principalmente as advogadas de estatura mais baixa, pois, como ficam apoiadas no chão com a ponta do pé, elas têm, de certa forma, o tamanho da perna "aumentado", o que poderá proporcionar um pouco mais de conforto quando se sentarem em cadeiras mais altas.

Você que é advogada tem ainda outra postura disponível: cruzar as pernas puxando-as para o lado da perna que está apoiada no chão.

Outras posições recomendadas para as mulheres.

Para falar sentado, o gesto obedece à mesma orientação dada para falar em pé. Faça o gesto e mantenha-o por mais tempo, antes de voltar à posição de apoio, pois, nessa circunstância, o excesso de movimentos dos braços é mais facilmente percebido.

Durante a gesticulação, procure manter os braços pouco acima da linha da cintura, pois os gestos amplos, com as mãos passando na frente do rosto, são geralmente desaconselháveis nessa circunstância.

Observe também se não está incorrendo neste erro muito comum: apoiar os cotovelos nos braços da cadeira e fazer gestos o tempo todo só com o antebraço.

Quando seus braços não estiverem em movimento, use os da cadeira como apoio. Se ela não os tiver, poderá pôr as mãos sobre as pernas.

A comunicação visual também segue a mesma regra estabelecida para falar em pé, isto é, olhe ora para a esquerda, ora para a direita.

Para falar em pé é conveniente que os advogados abotoem o paletó, a fim de manter uma aparência mais elegante. Sentados, entretanto, essa preocupação é desnecessária, pois o paletó aberto, nessa posição, além de não prejudicar a elegância, lhes dá geralmente mais liberdade de movimentos. As advogadas não precisam ter essa preocupação, pois, de maneira geral, ficam elegantes independentemente de o casaco estar aberto ou fechado.

Vou tratar das questões do vestuário no próximo capítulo.

Capítulo 5

A aparência

Leonel Brizola, que governou dois importantes Estados brasileiros, o Rio Grande do Sul e o Rio de Janeiro, usou um velho ditado popular para definir uma de suas teses: "tem couro de jacaré, tem rabo de jacaré, tem dente de jacaré, então como não é jacaré?".

A lição deixada com bom humor pelo velho caudilho foi muito clara: as pessoas nos tomam por aquilo que parecemos ser. E talvez não exista nada melhor para falar sobre uma pessoa do que sua roupa. O vestuário "fala", como nos diz Umberto Eco, na obra *Psicologia do vestir*. Pelos trajes que você usar, os ouvintes terão uma boa ideia do tipo de advogado que você é e, antes que comece a falar, já terão formado uma opinião a seu respeito. A roupa, assim como a linguagem verbal, é parte importante do universo vastíssimo da comunicação. Por isso o traje precisa corresponder à sua identidade e às expectativas que as pessoas têm a seu respeito.

Meu objetivo não é dar receitas de como se tornar um advogado mais elegante a partir das roupas que fazem sucesso dentro e fora das passarelas. Essa é uma arte que exige competência especializada, e há inúmeros livros escritos por profissionais experientes tratando do tema. Neste capítulo pretendo orientá-lo a respeito da escolha da roupa mais apropriada quando precisar falar em público. Você verá que são conceitos bastante simples, que irão ajudá-lo a se vestir de forma correta, aumentando ainda mais suas chances de sucesso diante da plateia.

Dúvidas quanto à roupa provocam insegurança

Se você tiver dúvidas sobre a roupa que deverá usar em determinada circunstância, muito provavelmente ficará inseguro e pouco à vontade diante do público. A maneira de se trajar muda muito com o tempo, e nos últimos anos essas mudanças se tornaram ainda mais rápidas. Em palestra sobre a profissão do advogado, Waldir Troncoso Peres comentou que, na sua época de estudante de Direito, era obrigado a ir de terno à faculdade. Pensar em situação semelhante para o estudante de hoje poderá parecer sem cabimento. De todas as profissões, uma das que mais resistem às mudanças é a do advogado. Quando os bancários, por exemplo, que sempre foram muito formais, deixaram de usar terno e gravata, essa era uma realidade distante tanto para o advogado, que se manteve com esse traje, quanto para a advogada, que em momentos especiais dava preferência ao *tailleur*.

Entretanto, nem sempre a escolha da roupa é simples, e, por mais criteriosa que seja a decisão, as dúvidas poderão persistir. Seu desconforto poderá ser ainda maior se sua roupa for diferente dos trajes usados pela maioria dos outros advogados. É comum assistir a filmes que apresentam cenas mostrando pessoas sendo ridicularizadas por um grupo porque estão trajadas de forma inconveniente para determinado evento. Geralmente são jovens que convidam o garoto ou a garota — novatos na comunidade — para uma festa e avisam que o traje será a rigor. Quando os visitantes aparecem emperiquitados com seus trajes sociais, ficam perplexos ao constatar que os outros convidados estão vestindo roupas bem informais, ao mesmo tempo que todos caem na gargalhada, deixando-os constrangidos. Essas histórias constituem exemplos que mostram bem como o fato de trajar-se de forma inadequada pode ser constrangedor, a tal ponto que, na cabeça dos autores desses filmes, convidar alguém para uma festa e mentir sobre o traje a ser usado é uma grande maldade.

Há advogados, entretanto, que, de propósito, se vestem de maneira totalmente diversa dos demais e nem por isso se sentem constrangidos. Fazem dessa diferença uma espécie de marca registrada da sua personalidade. Chamo a atenção para esse fato porque, também neste caso, as regras ajudam a mostrar um caminho que pode ser seguido, mas jamais deverão estabelecer uma conduta única que não possa ser contrariada. O importante é conhecer o referencial de roupas que são usadas na sua área específica do Direito.

Vista-se de acordo com sua atividade profissional

Lembro-me de quando cheguei a São Paulo vindo do interior. Queria porque queria me tornar um executivo. Era um daqueles sonhos da criança que vivia admirando administradores de empresa bem-vestidos, num espaçoso escritório, e cercados de secretárias por todos os lados. O primeiro emprego que consegui foi de auxiliar de escritório na Fábrica de Óleo Maria, no bairro do Ipiranga, depois de muito pelejar fazendo testes de datilografia nas incontáveis empresas de recrutamento e seleção, localizadas no centro velho de São Paulo. Passava o domingo assinalando os classificados do jornal *Estadão* e na segunda-feira bem cedinho dava início à minha peregrinação. Ainda hoje não consigo entender como a minha ingenuidade me permitiu identificar e me livrar das arapucas que surgiam naqueles labirintos imundos, escondidos atrás dos imensos corredores no fundo das galerias. Após muito tempo subindo e descendo escadas sem conseguir nada, pois todas as empresas exigiam que o candidato fosse exímio datilógrafo — e nessa arte eu era pouco mais que um catador de milhos —, deixei o orgulho de lado e recorri à ajuda do Mauro Eid, meu primeiro sogro, para me empregar. Como ele trabalhou mais de 20 anos na tesouraria do CitiBank e conhecia muita gente, me apresentou ao Renato Costivelli, um grandão da Arthur Andersen. Depois de me olhar de cima a baixo, Costivelli disse que só poderia me contratar quando eu já estivesse no terceiro ano da faculdade. Enquanto isso, deveria procurar o Hércules Aprille, que havia trabalhado com ele e agora dirigia a contabilidade da Indústria J. B. Duarte. Foi assim que iniciei minha carreira de "grande executivo". Logo pela manhã vestia uma camisa de rendas (nem sei como essa bendita apareceu na minha vida), acertava uma gravata que parecia um cordão de sapatos e cobria tudo com uma blusa bem fina, azul-esverdeada – era a década de 1970. De cabeça erguida, todo orgulhoso e "tão bem trajado", bem cedinho rumava para o trabalho. Nos intervalos para o café, entre um gole e outro, sem prestar a atenção devida, percebia vagamente que alguma coisa não combinava muito. Todo mundo à vontade, de camisa esporte, e eu lá com aquela roupa estranha. Passada uma semana do início das minhas atividades naquela empresa, o Hércules me chamou num canto e explicou que eu não precisava me vestir tão "socialmente" — só aí é que a ficha caiu e eu me conscientizei de que a roupa não era adequada. Com mais três meses percebi que o meu negócio não era contabilidade e me mandei para um estágio no Instituto de Economia Agrícola. Lembro que esse estágio me ajudava a preencher o currículo que eu não possuía: Estagiário no Departamento de Análise Estatística e Econométrica no Instituto de Economia Agrícola da Secretaria da Agricultura do Estado de São Paulo. Escrevendo com letras bem grandes, dava quase uma página. Com mais umas duas linhas talvez já escapasse dos testes de datilografia. Dessa vez a lição foi posta em prática. Como o departamento onde estagiei era frequentado somente por engenheiros-agrônomos, ninguém lá usava terno. Exceto aqueles que deixavam o paletó sobre a cadeira, só para dizer que estavam por perto, quando na verdade haviam saído para vender adubo nas empresas agrícolas, pois era desse jeito que se viravam para ganhar um dinheiro extra. Assim, livre e esportivamente vestido, passei a usar uma roupa compatível com a circunstância. Foi um aprendizado que me deixou ruborizado de vergonha naquela conversa que tive com o Hércules, mas que também me ajudou por toda a vida.

Ao escolher a roupa, analise como os outros advogados se vestem. Verá que normalmente se trajam de maneira mais formal. Diferente, por exemplo, de um publicitário ou um profissional de informática que, por sua vez, embora também possam usar roupas mais formais de vez em quando, geralmente se trajam de maneira mais descontraída. Ao se vestir de acordo com o perfil das pessoas que exercem a mesma atividade que você, além de se sentir à vontade, você estará se valendo de sinais próprios da sua profissão de advogado e correspondendo às possíveis expectativas dos ouvintes.

Em nenhum momento estou querendo dizer que você deverá se submeter a uma espécie de uniforme profissional: apenas chamo a atenção para um fator que poderá ser levado em conta na hora em que precisar se decidir pela roupa a ser usada, especialmente quando for preciso falar em público ou se apresentar nos tribunais.

Considere a formalidade da circunstância

Em época de campanha eleitoral, ao receber os candidatos políticos, geralmente sou questionado sobre o tipo de roupa a ser utilizado num comício. Também nesse caso, basta olhar como os mais experientes se comportam. Mesmo os mais sisudos se afastam das roupas formais e se apresentam nos palanques com uma camisa branca e mangas arregaçadas. Essa atitude demonstra a imagem de alguém que está pondo a mão na massa e quer se aproximar ainda mais dos eleitores. Alguns, entretanto, ao se apresentarem em programas de televisão, voltam aos trajes mais formais. Observe que a formalidade de cada circunstância exige um tipo de roupa apropriado. Se você pressentir que o local onde atuará será formal, tal como se dá durante o exercício da advocacia, nas audiências perante o juiz e as partes do processo, vá formalmente vestido. Ao contrário, se o ambiente for mais descontraído e informal, mesmo você sendo advogado, mas atuando, eventualmente, em atividade diversa, vista-se de acordo com essa informalidade. Se não tiver informações de como será o ambiente onde irá se apresentar e, por isso, ficar com dúvidas, vá formalmente vestido. Chegando ao local, se constatar que as pessoas estão à vontade com roupas descontraídas, se você for homem, bastará tirar o paletó, a gravata e dar uma arregaçada nas mangas da camisa que já estará vestido de acordo com a circunstância. Se for mulher, poderá se livrar de alguns adereços, e assim também estará vestida de maneira apropriada. Se agir de maneira diferente, comparecendo com trajes informais, errando na previsão, não terá como consertar o engano e poderá se sentir deslocado no ambiente. Não se esqueça, entretanto, do que foi comentado há pouco sobre a sua atividade profissional: mesmo em ambientes bem descontraídos, normalmente a função do advogado exigirá roupas que são mais formais que a dos outros profissionais. Por isso, para não errar, talvez seja interessante trajar-se sempre com mais formalidade.

Tive uma experiência muito interessante com relação a esse assunto. Eu e o professor Jairo Del Santo Jorge fomos ministrar cursos para a Jari Celulose e Cadam, no norte do Estado do Pará e sul do Amapá. Chegamos à noite, de avião, que, além do barco, é o único meio de transporte de Belém para aquela região, e fomos direto para o hotel. Na manhã seguinte, antes das oito, eu e o Jairo, como bons professores de oratória que desejamos ser, já estávamos prontinhos de terno e gravata, que era o nosso traje formal naquela época, aguardando o transporte para nos levar até o local onde o curso seria ministrado. Assim que aparecemos na porta do hotel, o Claudemir, que era o responsável pelo treinamento das empresas, pôs as duas mãos na cabeça e exclamou: "Eu sabia que isso iria acontecer! Tirem o terno, a gravata e ponham uma roupa bem à vontade. Depois vocês vão entender o motivo". Ao chegar à sala de treinamento, foi fácil compreender o que o Claudemir queria dizer. Cadam significa Caulim da Amazônia. E o caulim é um pó branco fininho que se espalha como uma praga, tanto que, como a mina do produto ficava próxima do centro de treinamento, de tempo em tempo, durante o dia todo, alguém entrava para varrer a sala de aula. Ou seja, mesmo sendo professores de oratória, uma profissão que, como eu disse, naquela época exigia trajes mais formais, o terno com gravata era a roupa menos adequada para aquela circunstância.

Detalhes que fazem a diferença

Cor

Um item que está muito sujeito à moda e sofre alterações rápidas no tempo é a cor da roupa. Sabemos que algumas cores ficam bem para certas pessoas, mas podem não ser adequadas para outras. O tipo de pele, a cor dos cabelos e dos olhos, as combinações com acessórios são fundamentais para a escolha da cor da roupa.

Essa regra, entretanto, precisa ser vista com cautela quando for aplicada a uma pessoa que de maneira geral se relaciona com o público, especialmente o advogado, pois, para o exercício de suas atividades, a cor da roupa, mais do que estar em harmonia com as suas características, deve contribuir para a projeção da sua personalidade e estar de acordo com os referenciais de sua área de atuação.

Embora haja muita liberdade para que profissionais de todas as atividades se vistam com roupas nas cores que julgarem mais convenientes, esteja sempre atento às suas características pessoais. Nem sempre o que está bonito na vitrine será adequado para você. Recomendo que faça um pequeno investimento e contrate um *personal stylist*. São profissionais preparados para sugerir roupas, sapatos, óculos e todos os itens que possam combinar com sua personalidade, estilo e atividade profissional. A maioria disponibiliza uma cartela com a combinação de cores próprias para você. Assim, depois das orientações iniciais, poderá sozinho tomar suas próprias decisões. Você se sentirá seguro e muito mais confiante para se apresentar em público.

Veja tudo com antecedência

Decida-se com antecedência pelo traje e pelos demais complementos que irá usar na apresentação. Verifique se tudo está em ordem para não ser surpreendido com a descoberta de um botão que precisa ser repregado, uma manga amarrotada ou uma barra descosturada.

Todas essas orientações poderão ser desconsideradas, desde que você se sinta bem e o resultado da sua apresentação não seja prejudicado.

Entre com seu estilo

Considere agora o que deverá prevalecer na hora de escolher a roupa que usará em suas apresentações: o seu próprio estilo. Todos os fatores mencionados até aqui — atividade profissional, formalidade da circunstância e os dias de hoje — deverão ser adaptados ao seu próprio estilo de se vestir. De nada adiantará você atender a todas as recomendações para acertar na escolha da roupa se não se sentir bem com o traje. Acima de tudo, sempre deverá estar o seu próprio estilo de vestir.

Na mesma obra citada no início, Umberto Eco afirma que, "no quadro de uma vida em sociedade, tudo é comunicação". Uma boa forma de você comunicar às pessoas quem você é está na maneira como impõe seu estilo de se trajar. Há na formalidade, nos costumes profissionais e na época atual uma extensa faixa por onde sua liberdade para se vestir poderá transitar e se subordinar à sua vontade no momento de decidir pela roupa que irá usar. Esse toque pessoal fará com que você se sinta bem por ter interferido na escolha da roupa com sua própria decisão e o projetará como um advogado que sabe encontrar os próprios rumos.

Uma historinha para encerrar

Essa foi contada pelo meu amigo Norival Monha e repassada pelo Jairo. Um advogado, não muito acostumado a comprar roupas novas, foi até o alfaiate com o objetivo de fazer a última prova e levar o terno que havia encomendado para usar em um julgamento importante no qual atuaria. Ao experimentar o paletó, verificou que a manga estava um pouco comprida. O experiente alfaiate disse que esse pequeno comprimento extra havia sido planejado de propósito, pois, ao fazer o gesto com o braço direito para a frente, a manga ficaria bem em cima do pulso, na medida certa. "Faça o gesto e confirme o que estou dizendo", pediu gentilmente o alfaiate. E, quando o advogado esticou o braço, realmente a manga parou no lugar certo. Em seguida o cliente notou que sobrava pano no ombro. Mais uma vez o alfaiate deu uma explicação para aquela sobra, dizendo que, quando o advogado curvasse o corpo, a sobra se encaixaria como uma luva. E pediu ao cliente que inclinasse o corpo para a frente. Mais uma vez o defeito desapareceu com a inclinação do corpo. O alfaiate, com ar de quem havia cumprido sua tarefa, complementou sugerindo que o advogado ficasse sempre com o braço esticado e o corpo inclinado para a frente, pois assim o terno estaria perfeito, conforme o planejado. O advogado, meio desconfiado, mas com receio de reclamar pelo fato de não estar habituado a comprar roupas novas e, por isso, imaginando que o profissional tinha razão, saiu com o braço esticado e o corpo inclinado, parecendo o Corcunda de Notre Dame. Quando chegou diante dos jurados para iniciar sua apresentação, um deles comentou com o colega ao lado: "Nossa, como esse advogado é defeituoso, veja como ele é todo torto!". Seu colega concordou com ele e complementou: "É mesmo impressionante. Mas, pelas medidas e pelo caimento da roupa, dá para ver que o alfaiate dele deve ser muito bom para acertar nesse manequim!".

Resumo

Introdução

Por que se tornar um advogado com domínio da oratória

Quanto mais você crescer e se projetar como advogado, mais dependerá da eficiência da sua comunicação.

1ª parte — Atributos da boa oratória do advogado

Capítulo 1 — A credibilidade

São seis os requisitos importantes para que um advogado conquiste credibilidade como orador:

- naturalidade;
- emoção e envolvimento;
- imagem bem construída;
- conhecimento e autoridade sobre o assunto;
- confiança;
- coerência e conduta pessoal exemplar.

Capítulo 2 — A voz

A boa voz depende fundamentalmente de uma respiração adequada. Para utilizá-la de maneira correta, o advogado deve pronunciar bem as palavras, ajustar o volume para cada ambiente, ter uma velocidade apropriada e promover alternância do volume e da velocidade.

Para que a sua comunicação seja expressiva, deve também colocar ênfase nas palavras e fazer pausas adequadas.

O sotaque deve ser corrigido se dificultar a compreensão das palavras ou trouxer prejuízo à credibilidade do advogado.

Para usar bem o microfone, é preciso deixá-lo na altura correta. O mais indicado é colocá-lo um pouco abaixo da boca, mais ou menos na direção do queixo.

O grande segredo para o bom uso do microfone é falar sempre olhando sobre ele.

Capítulo 3 — O vocabulário

O vocabulário precisa ser amplo e estar automatizado para a fala.

Evite, entretanto:

* o palavrão e a gíria;
* os termos incomuns, a não ser diante de pessoas bem preparadas intelectualmente;
* o palavreado técnico diante de pessoas que atuem em outras áreas;
* os chavões e as frases vulgares;
* repetições viciosas.

Capítulo 4 — A expressão corporal

Dentro de um processo natural, o gesto deve ocorrer antes ou junto com a palavra, não depois.

São dois os maiores erros da gesticulação: a ausência e o excesso de gestos.

Atitudes desaconselháveis

* Braços e mãos:
  * nas costas;
  * nos bolsos;
  * cruzados;
  * apoiados sobre a mesa, tribuna ou haste do microfone;
  * gestos abaixo da linha da cintura ou acima da linha da cabeça;
  * coçar a cabeça, segurar a gola da blusa ou do paletó, mexer na aliança, na pulseira, distrair-se com um lápis ou uma caneta.

* Pernas:
  * com movimentos desordenados;
  * muito abertas ou fechadas;
  * com apoio ora sobre uma, ora sobre a outra;
  * muito rígidas.

- Postura:
  - negligente, de alguém derrotado;
  - prepotente, com ar arrogante.

A boa expressão corporal para falar

- Faça um gesto para cada informação predominante na frase.
- Não tenha pressa de voltar à posição de apoio.
- Gesticule com os braços acima da linha da cintura.
- Faça o movimento a partir do ombro.
- Varie os gestos.
- Marque o ritmo da fala com os braços na frente do corpo.
- Estabeleça um sincronismo harmonioso entre o gesto, a voz e a mensagem.
- Posicione-se naturalmente sobre as duas pernas.
- Use o semblante para se comunicar com mais expressividade.
- Olhe para os ouvintes.

Como falar sentado

Fale sentado se puder ver todos os ouvintes e eles também puderem vê-lo.

Evite cruzar os pés em forma de "x" embaixo da cadeira, não estique as pernas nem penda o corpo demasiadamente para um dos lados.

Posicione-se com os dois pés no chão, ou cruze uma das pernas sobre a outra.

Capítulo 5 — A aparência

A sua aparência também fala. Ao escolher a roupa, os sapatos, o corte do cabelo, os óculos e todos os acessórios que constituem a sua aparência, considere sempre o seu bem-estar e a impressão que estará causando nos ouvintes.

A roupa precisa ser vistosa e atraente. Não deve, porém, chamar mais atenção do que você mesmo.

Tão importante quanto vestir-se de acordo com a época e a circunstância é sentir-se bem com a roupa que está usando e preservar o próprio estilo.

Exercícios de fixação

Responda às questões a seguir:

1. Quais são os seis requisitos importantes para que um advogado conquiste credibilidade como orador?

2. Como o advogado poderá saber se está falando em público com naturalidade?

3. Para fazer com que sua tese seja aceita, de maneira a convencer os interlocutores, o que será preciso, além da naturalidade?

4. Quais os dois principais objetivos da pronúncia correta das palavras?

5. Qual é o volume adequado da voz?

6. Qual é a velocidade apropriada da fala?

7. O que pode acontecer com o sentido da mensagem se o advogado destacar palavras diferentes dentro da frase?

8. Quais as formas de que o advogado dispõe para destacar uma palavra dentro da frase?

9. Qual o grande segredo para o uso adequado do microfone?

10. Em que circunstância o vocabulário técnico é apropriado?

11. Quando não será necessária a preocupação com o uso de termos incomuns?

12. Quais são os dois maiores erros da gesticulação?

13. Como o advogado deve olhar para o público?

14. Quando o advogado poderá falar sentado?

15. O que o advogado deve considerar ao escolher a roupa, os sapatos, o corte do cabelo, os óculos e todos os acessórios que constituem a aparência?

Respostas dos exercícios de fixação

1. Quais são os seis requisitos importantes para que um advogado conquiste credibilidade como orador?

   Os seis requisitos importantes para que um advogado conquiste credibilidade como orador são:

   * *naturalidade;*
   * *emoção e envolvimento;*
   * *imagem bem construída;*
   * *conhecimento e autoridade sobre o assunto;*
   * *confiança;*
   * *coerência e conduta pessoal exemplar.*

2. Como o advogado poderá saber se está falando em público com naturalidade?

   Refletindo sobre esta questão: será que, no exercício da minha profissão de advogado, quando falo em público me expresso da mesma maneira como falaria se estivesse diante de quatro ou cinco amigos muito queridos, na sala de visitas de minha casa, tratando desse mesmo assunto?

3. Para fazer com que sua tese seja aceita, de maneira a convencer os interlocutores, o que será preciso, além da naturalidade?

   Emoção e envolvimento.

4. Quais os dois principais objetivos da pronúncia correta das palavras?

   Facilitar a compreensão das pessoas e aumentar a credibilidade do advogado.

5. Qual é o volume adequado da voz?

   O volume de voz adequado é o que está adaptado a cada tipo de ambiente.

6. Qual é a velocidade apropriada da fala?

A velocidade apropriada dependerá da emoção do advogado, de como ele respira e articula os sons e das características da mensagem comunicada.

7. O que pode acontecer com o sentido da mensagem se o advogado destacar palavras diferentes dentro da frase?

O destaque que se dá às palavras transmite ao público o que se deseja expressar. Por isso, se o advogado ressaltar uma determinada palavra, a frase terá um sentido; mas, se destacar outra, poderá mudar totalmente o significado do que estiver falando.

8. Quais as formas de que o advogado dispõe para destacar uma palavra dentro da frase?

- *Pronunciá-la com mais ou menos intensidade.*
- *Pronunciar mais pau-sa-da-men-te suas sílabas.*
- *Fazer uma pausa antes e uma depois da palavra.*

9. Qual o grande segredo para o uso adequado do microfone?

O grande segredo para o uso adequado do microfone é falar sempre olhando sobre ele.

10. Em que circunstância o vocabulário técnico é apropriado?

Entre aqueles que atuam dentro da mesma área.

11. Quando não será necessária a preocupação com o uso de termos incomuns?

A preocupação com o uso de termos incomuns não deve existir se o público for constituído de pessoas bem preparadas intelectualmente.

12. Quais são os dois maiores erros da gesticulação?

Entre todos os erros que se poderia apontar, os dois maiores são:

- *ausência do gesto;*
- *excesso de gesticulação.*

13. Como o advogado deve olhar para o público?

Com o corpo todo, isto é, girando o corpo e a cabeça de um lado para o outro da plateia.

14. Quando o advogado poderá falar sentado?

Quando conseguir ver todas as pessoas do auditório e, da mesma forma, ser visto por todos os ouvintes.

15. O que o advogado deve considerar ao escolher a roupa, os sapatos, o corte do cabelo, os óculos e todos os acessórios que constituem a aparência?

Deve considerar o bem-estar pessoal e a impressão que provocará nos ouvintes.

2ª PARTE

Técnicas de apresentação e as circunstâncias especiais

Capítulo 6

Faça uma boa sustentação oral

A sustentação oral é um direito do advogado, faz parte de suas prerrogativas. Ao receber decisão desfavorável em primeira instância, o profissional pode recorrer às instâncias superiores. Em segunda instância, quando o processo será julgado pelos desembargadores, e aos tribunais superiores, quando será julgado pelos ministros. É a oportunidade que o profissional tem para "salvar" sua causa da derrota. Por isso, precisa estar muito bem preparado para esse momento tão especial. Vamos ver, em linhas gerais, quais são os pontos mais importantes a serem observados na sustentação oral.

Conheça a causa com profundidade

Não existem atalhos. O advogado que dá apenas uma rápida olhada no processo, algumas vezes até poucos minutos antes de entrar na sala de julgamento, está pondo em risco a defesa do seu cliente. É preciso conhecer todos os detalhes do processo. Deve saber de capa a capa, de cor e salteado, cada fato relacionado direta ou indiretamente à causa, conhecer todos os pontos que poderão ser usados pela parte contrária e se preparar para contestá-los. Precisa imaginar quais as perguntas que os desembargadores ou ministros poderão formular e estar pronto para respondê-las. Embora todos os aspectos da sustentação oral sejam relevantes, nada poderá ser considerado mais importante que o conhecimento e o domínio do processo.

Esteja inteirado do regimento interno do tribunal

Ao tomar conhecimento das normas que regem o tribunal, o advogado se sentirá seguro e confiante com relação aos seus procedimentos. Nesse regimento estão as orientações que o advogado deverá seguir naquela casa.

Por exemplo, saberá qual o tempo que terá à disposição para sustentar oralmente a sua causa. Ainda que exista um tempo mais ou menos padronizado, poderá haver variação de um tribunal para outro. Nas causas cíveis, conforme determina o Código de Processo Civil, é concedido o tempo de 15 minutos. Nas causas trabalhistas e nos juizados especiais, o tempo pode ser de 5 a 15 minutos. Como há variações, para não ser surpreendido, essa informação é importante. Imagine que você tenha ensaiado sua sustentação para 15 minutos e fica sabendo na hora de usar a palavra que terá apenas 10 minutos de tempo. Além de correr o risco de ficar desestabilizado, terá de decidir no momento da apresentação quais informações deveriam ser cortadas. Essa decisão de afogadilho quase sempre poderá não ser a mais acertada.

Importante tomar ciência também do tipo de roupa que deverá usar. Alguns tribunais exigem vestes talares, a beca. Outros dispensam a beca e permitem que o advogado se apresente apenas com roupas mais formais — normalmente vestido ou *tailleur*, para as mulheres, apesar de haver muita polêmica envolvendo o tema, e terno e gravata para os homens. Mesmo os tribunais e as salas da OAB disponibilizando algumas becas em diversos tamanhos, essa não é uma garantia. Nem sempre será possível contornar o problema na última hora.

Conheça a turma

Quase tão importante quanto conhecer o processo é saber quem serão os julgadores e como eles têm se comportado em causas semelhantes à sua. Por isso, além de estudar os processos que foram julgados naquele tribunal, se puder, assista a um ou mais julgamentos para tomar conhecimento de como os desembargadores ou ministros atuam. Assim, você terá condições de se inteirar sobre como eles decidem, se costumam ou não fazer perguntas, em que circunstâncias deixam de prestar atenção, em que momentos se concentram mais nas palavras dos advogados.

Se você perceber que a tendência da turma é favorável à sua proposta, poderá usar as decisões do próprio tribunal para reforçar sua argumentação. Se, ao contrário, sentir que decidem de forma diversa ao que irá sustentar, precisará encontrar jurisprudência em outras turmas ou outros tribunais para apoiar sua tese. Mesmo sendo essa situação mais difícil, pois teria de modificar a maneira de pensar dos julgadores, é das poucas possibilidades com que contará para que peçam vista do processo para refletirem melhor sobre o caso. Se esse fato ocorrer, já terá sido uma grande vitória, independentemente do resultado final.

Os memoriais

Os memoriais já estão incorporados à prática forense e são importantes instrumentos de complementação da sustentação oral. Por meio deles, o advogado poderá elucidar aos julgadores, antecipadamente, suas razões ou contrarrazões recursais e melhorar suas chances de sucesso, sobretudo quando a causa é de maior complexidade e envolve múltiplas questões.

Os poucos, mas preciosos, minutos do advogado na tribuna podem ser otimizados com o oferecimento anterior dos memoriais. Essa ferramenta, além de permitir que os integrantes do tribunal acompanhem com mais atenção a exposição oral, se constitui também guia eficiente para a fala do profissional.

Os memoriais devem ser utilizados para esclarecer, de forma resumida, em poucas folhas – poucas mesmo, quatro ou cinco no máximo – o objeto do litígio, as questões fundamentais que envolvem o recurso, ressaltando de forma clara as informações mais relevantes na tentativa de formar, de acordo com seus interesses, a convicção dos julgadores.

O oferecimento de memoriais pode se dar pouco antes do julgamento, em mãos, ao relator e, nesta oportunidade, o advogado poderá apontar os aspectos que entende essenciais para o julgamento.

No caso de recursos que não comportem a sustentação oral, a entrega dos memoriais, em mãos, também é uma oportunidade para uma conversa com o relator. É neste momento que o advogado terá a oportunidade de aclarar a tese jurídica que defende. Seria uma espécie de sustentação oral ao pé do ouvido. Perfeitamente legal e desejável.

Cuidado com saudações extensas

Lembre-se de que você tem pouco tempo para sustentar sua causa. Se alongar essa fase inicial cumprimentando e elogiando cada um dos desembargadores ou ministros, a parte contrária, os advogados e estudantes de direito presentes, restarão alguns minutos apenas para a sua apresentação. A saudação deve ocorrer, mas sem exageros. Um rápido cumprimento aos julgadores e aos colegas presentes está de bom tamanho. Tome cuidado também com a liturgia da corte. Houve um caso em que um ministro interrompeu a apresentação do advogado e o recriminou porque o profissional havia se dirigido aos julgadores usando o tratamento de "vocês", e não "Excelência", como deveria ser.

Não leia sua sustentação oral

Atenção, não leia. Há exemplos de desembargadores que até interromperam a leitura do advogado e disseram que sabiam ler e não precisavam do profissional para essa tarefa. Se precisar ler uma frase ou outra, como um artigo do código, ou a citação literal de um jurista, tudo bem. Mas muito rapidamente.

Leve um roteiro para não se perder na sequência da exposição e ter um pouco mais de segurança no momento de discursar.

Um recurso que pode ser bastante útil durante a sustentação oral é ter à mão um índice com as principais informações do processo. Durante a apresentação, por mais que você tenha estudado a causa, poderá, em certas circunstâncias, por causa do nervosismo ou da pressão do momento, sentir dificuldade para encontrar a página onde estão certos dados relevantes para sua exposição. Essa hesitação talvez o deixe inseguro e até pode ser prejudicial à sua causa. Por isso, uma relação contendo citações e outros pontos importantes para sua argumentação ajuda a dar tranquilidade e a projetar a imagem de um profissional bem preparado.

Desperte a atenção dos julgadores

Os desembargadores ou ministros ficarão desatentos e desinteressados em relação à sua sustentação se perceberem que nada de novo está sendo apresentado. Por isso, procure instigá-los com algum dado curioso, inusitado, surpreendente. Desde que essa informação esteja relacionada com o conteúdo do processo, a novidade será fundamental para que os julgadores se concentrem em suas palavras. Um bom recurso para prender a atenção dos desembargadores ou ministros é incluir os argumentos em uma história interessante. Na maioria das vezes a história é sedutora e, se for bem contada, prenderá a atenção dos responsáveis pelo julgamento. Ah, se resolver fazer a defesa contando uma história, lembre-se de que a narrativa precisa estar inter-relacionada com o conteúdo do processo.

Tenha começo, meio e fim

No início, destaque o objetivo da sua causa. Para isso, aponte três ou quatro pontos que julgar mais relevantes.

Defenda sua tese. Essa defesa deverá ser feita com argumentos sustentados no processo, nas decisões do próprio tribunal, ou de outros, especialmente neste caso quando a tendência da turma for desfavorável à sua linha de pensamento.

Faça uma recapitulação. Essa recapitulação deve ser bastante resumida, apenas para destacar três ou quatro pontos abordados no desenvolvimento da sustentação, sobretudo nas teses defendidas.

Conclusão. Reserve suas últimas palavras para tentar fazer com que os desembargadores ou ministros reflitam ou ajam de acordo com seus argumentos.

Mencione as fundamentações legais. Reforce quais foram as decisões que dão amparo à sua tese e ressalte que seus pedidos se sustentam na constituição e encontram amparo neste ou naquele artigo.

Aguarde a decisão dos julgadores. E atenção: não tente interferir no julgamento, nem discuta com eles caso a decisão tenha sido desfavorável. O advogado só poderá se manifestar depois de ter encerrado a sustentação oral se existir uma questão de ordem e se o seu pedido for atendido. É uma imposição legal.

Aprenda que na advocacia há momentos em que se ganha e outros em que se perde. A forma respeitosa como você se relaciona com juízes e adversários contribui para que sua imagem seja projetada de forma positiva. Essas discussões são proibidas, improdutivas, desrespeitosas e prejudiciais, pois demonstrarão desconhecimento das regras, e, lá na frente, diante desses mesmos julgadores, essa falta de profissionalismo poderá ser lembrada e até comprometer outras causas que venha a defender.

Treine a apresentação

Quanto mais você treinar a sua sustentação oral, mais seguro e confiante se sentirá. Durante o ensaio, cronometre o tempo, questione se os fatos são realmente aqueles que deveriam ser destacados, escolha o melhor vocabulário e quais são os momentos que merecem maior ênfase. Treine usando palavras diferentes e inverta a ordem dos argumentos. Assim, terá domínio do que irá expor, sem correr o risco de decorar.

Embora a maioria aconselhe a fazer ensaios diante de um espelho, minha sugestão vai em outra direção. Ao falar diante do espelho você não sabe se olha para a sua imagem ou presta atenção no que está dizendo, se observa as mãos ou se concentra na fisionomia. Minha recomendação é que ensaie bastante diante de uma parede, distante uns três ou quatro metros, para se sentir mais confortável. Quando notar que já está dominando a exposição, grave a sua apresentação com a câmera de um smartphone ou filmadora. Assista atentamente ao que foi gravado e anote o que poderia ser melhorado. Se forem muitos itens, volte para a frente da parede. Se, entretanto, forem apenas alguns detalhes, poderá gravar novamente.

Procure ensaiar diante de colegas e familiares quando já estiver se sentindo bem preparado. Essas pessoas mais íntimas nos querem bem e, por isso, cobram perfeccionismo no discurso. Se começarem a criticar o tempo todo, poderão até prejudicar sua tranquilidade. Depois de bem ensaiada a sustentação, aí sim as observações que fizerem serão úteis para ajustar a qualidade da apresentação.

Fale com personalidade

Sim, você depende da decisão dos julgadores, mas ali no tribunal ninguém é superior a ninguém. Por isso, não tenha receio de falar com voz firme e bem articulada, mas sem gritar. Faça pausas expressivas e demonstre a atitude de quem tem certeza da causa que defende.

Olhe para os desembargadores ou ministros. Ainda que demonstrem não prestar atenção em suas palavras, fale como se todos estivessem ouvindo. Alguns não olham para o advogado, conversam com os outros julgadores, mas conseguem ouvir ao mesmo tempo. Um bom recurso para ter a atenção de quem julga é mencionar o nome dele ao citar um argumento baseado em causas que ele julgou.

Evite o excesso de gesticulação, mas não deixe de fazer gestos. Os gestos moderados, que acompanham bem o ritmo e a cadência da fala, passam a ideia de segurança e domínio sobre o processo.

Cuidado para não se mostrar arrogante, prepotente. Alguns advogados vão angariando fama e admiração pelo sucesso de suas causas e se enchem de vaidade. Não se esqueça nunca de que essa soberba poderá pôr tudo a perder. Há advogados que se mostram tão antipáticos que chegam a perder causas não devido à sua argumentação, mas sim em virtude do seu comportamento.

Capítulo 7

Planejando apresentações

Se o advogado não souber organizar o seu pensamento de forma concatenada, poderá passar a ideia de despreparo, falta de competência e não atingirá os objetivos a que se dispôs. Infelizmente, é possível observar nos tribunais alguns advogados que até conhecem bem a área do Direito em que atuam, mas não conseguem organizar o raciocínio de maneira lógica e ordenada.

Por isso, este capítulo mostrará como você, atuando como advogado, deve estruturar a mensagem nas mais diversas ocasiões. Veja, a seguir, quais são os passos principais em todas as circunstâncias, bem como os critérios para organizar com eficiência a ordem dos argumentos durante o exercício de sua atividade profissional.

Inicie com os cumprimentos

Os cumprimentos se dão de acordo com a formalidade da circunstância, podendo ser um simples "senhoras e senhores", o formal "Excelência" e "Excelentíssimo" ou até uma referência completa aos componentes de uma mesa diretora. Seria inadmissível imaginar você, no Tribunal do Júri, sem dispensar os tratamentos formais de praxe ao juiz ou aos jurados, como faz normalmente: "Excelentíssimo Senhor Doutor Juiz de Direito, Presidente da Sessão, Excelentíssimos Senhores Jurados".

Conquiste

Depois dos cumprimentos iniciais, procure conquistar aqueles a quem dirigirá a palavra.

É o momento apropriado para despertar a atenção e o interesse dos ouvintes, quebrar as possíveis resistências e angariar simpatia. Veja algumas formas recomendáveis para iniciar e alcançar esses objetivos:

- elogiar ou valorizar a plateia (agradecer a presença das pessoas é uma forma simples e eficiente de iniciar). Este é um bom recurso para ser usado especialmente em palestras, ou em apresentação de trabalhos acadêmicos, ou em discursos proferidos nos encontros sociais ou profissionais;

- usar uma frase que provoque impacto, principalmente quando os ouvintes estiverem apáticos ou indiferentes. Só como exemplo, imagine-se sendo o último a falar em um evento de estudantes de Direito, numa sexta-feira à noite. Nessa circunstância hipotética, além da frase de impacto, caberia também a promessa de brevidade, para quebrar a resistência com relação ao ambiente, já que, em situação semelhante, o que menos os ouvintes gostariam de fazer é ficar por tempo prolongado naquele local;

- mencionar um fato bem-humorado (vale para todas as circunstâncias, exceto, é claro, quando estiver atuando no processo — as piadas, além de serem desaconselháveis nesse contexto profissional, devem ser evitadas também para iniciar apresentações em outras situações). Entretanto, dependendo da autoridade e da personalidade do advogado, até a presença de espírito com leve dose de ironia pode valer. Lembro-me de um dos julgamentos mais rumorosos de São Paulo, o do cantor Lindomar Castilho. De um lado, como advogado de defesa, estava Waldir Troncoso Peres; de outro, como assistente de acusação, o ex-ministro da Justiça e ex-presidente da OAB Márcio Thomaz Bastos. Lindomar havia assassinado a ex-esposa dentro de uma boate, na frente de dezenas de pessoas. Em determinado momento, querendo mostrar as qualidades benevolentes do acusado, Troncoso Peres, com mais ou menos estas palavras, fez a seguinte observação: "Observem bem, jurados, o que vou dizer: o réu deu à ex-esposa uma casa com usufruto vitalício. Repito, com usufruto vitalício".

Thomaz Bastos, sentindo o impacto daquela informação, usou a presença de espírito e a ironia para se defender: "pena que a vida dela durou tão pouco!".

A plateia reagiu com estrondosa gargalhada.

Após todos terem se acalmado com a ameaça do juiz de evacuar o recinto, Troncoso Peres voltou ao ataque: "Me admira Vossa Excelência, que foi presidente da Ordem dos Advogados do Brasil, que é um advogado brilhante, usar um argumento infeliz como esse. Se for para falar sério, vamos falar sério. Agora, se for para ficar com brincadeira, vou fazer disso um circo".

Mais uma vez, a plateia se manifestou com longo aplauso. E mais uma vez o juiz tentou colocar ordem na situação. Quem estava presente verificou que até o juiz gostou de assistir àquele embate de dois gigantes da história da advocacia brasileira.

Não poderia deixar de citar também o magnífico exemplo que o Dr. Edilson Mougenot Bonfim apresenta em sua obra *No Tribunal do Júri*:

> *"O Promotor está discursando, e um dos advogados conversa insistentemente em paralelo, tentando atrapalhar a fala do orador. De costas para a tribuna de defesa, vira-se repentinamente e adverte:*
>
> *Mougenot Bonfim – 'Quando um burro fala o outro abaixa a orelha!'*
> *O Advogado – 'E burro fala, doutor?'*
> *Mougenot Bonfim – 'Fala! Fala e faz pergunta...'".*

- contar uma pequena história interessante;
- levantar uma reflexão;
- mostrar os benefícios do assunto.

Informe sobre o que vai falar

Em uma ou duas frases, dependendo da circunstância em que tenha a palavra, apresente aos interlocutores o assunto a ser tratado ou a tese jurídica a ser defendida. Em uma audiência, se você for advogado do autor, ou advogado do réu, ou se estiver funcionando no processo como defensor dativo, o juiz lhe concederá a palavra por até vinte minutos para que possa se manifestar. Nessa circunstância, por exemplo, é importante que, logo no início do seu pronunciamento, depois dos cumprimentos de praxe, informe o assunto sobre o qual pretende discorrer e o objetivo que deseja alcançar, não só para facilitar o entendimento de todos os envolvidos como para que eles acompanhem o desenvolvimento do seu raciocínio.

Faça um retrospecto ou levante um problema relacionado com o tema

Se você pretender dar a solução a um problema, deve explicar antes qual é o problema. Por exemplo: se, na reunião com os advogados do escritório, você tivesse de propor a solução para determinado problema, seria natural que, antes de mostrar os argumentos de que dispõe para formular a proposta de solução, esclarecesse qual o problema existente. Pois é fácil deduzir que a proposta de solução só poderia ser claramente compreendida pelos ouvintes se eles estivessem antes devidamente inteirados do problema. Se o seu objetivo for falar sobre algum assunto atual, deve ajudar todos a compreender melhor o tema fazendo antes um retrospecto, mostrando como foi que os fatos sucederam.

Indique as partes que pretende cumprir no desenvolvimento do assunto

Para que a sequência da sua mensagem seja compreendida com maior facilidade, divida o assunto que irá desenvolver em três ou quatro partes e conte quais são essas etapas que pretende cumprir.

Apresente o assunto com argumentos e de forma concatenada

Depois da fase de preparação, comece a desenvolver o assunto dando a solução ao problema apresentado, ou mostrando o tema na atualidade. Para isso, você poderá usar exemplos, lançar mão de estatísticas, fazer comparações, mostrar estudos técnicos ou científicos. E, se for preciso, conte uma história real ou fantasiosa, como fábulas ou parábolas para ilustrar o que acabou de dizer, para tornar a exposição mais agradável e facilitar a compreensão da mensagem.

Se você estiver atuando em uma ação trabalhista, por exemplo, considerando-se que nela se realizam os atos mais significativos do processo laboral, com destaque para a proposta de conciliação tanto na audiência inicial quanto na de instrução, se o seu cliente, no caso o empregador, estiver disposto a parcelar o valor devido ao empregado, proponha-se a dar a solução ao inevitável entrave. Para isso, demonstre os limites de seu cliente e argumente dentro daquilo que pode ou não ser negociável, pois, para demonstrar o interesse ou a disposição de estabelecer o equilíbrio entre as partes, você poderá se valer de estatísticas, balanços patrimoniais, enfim, provas convincentes. O importante é fundamentar suas alegações de forma lógica e concatenada, para obter o melhor acordo possível.

A ordem dos argumentos que deve ser utilizada pelo advogado

Ao se decidir pela ordem dos argumentos, você deverá observar a qualidade de cada um deles.

Se todos forem fortes, deverão ser apresentados isolados, para que possa demonstrar a consistência de cada um.

Se todos forem fracos, deverão ser apresentados juntos, para que a força da união os torne mais consistentes e a falta da qualidade seja compensada pela quantidade.

Se tiverem qualidades diferentes, não inicie com o melhor, porque os outros parecerão muito frágeis e, por isso, não despertarão interesse. Da mesma forma, não inicie pelo mais frágil, porque haverá o risco de prejudicar o interesse pelos melhores que serão apresentados na sequência. Uma solução recomendada é escolher um bom argumento, não o melhor, para ser o primeiro e, assim, provocar boa impressão logo no princípio. Use os outros, então, em escala crescente de importância, partindo do mais fraco até culminar com aquele que considerar mais importante e até irrefutável.

O cuidado com os excessos

Tive um colega no curso de mestrado que conhecia profundamente as obras de Paul Valéry. E, por dominar tão bem os temas tratados pelo autor, gostava de citá-lo sempre que tinha oportunidade. No início, todos nós achávamos interessante seu domínio sobre o estilo e os temas abordados pelo poeta francês. Entretanto, com o passar do tempo, ficou evidente que os colegas não aguentavam mais ouvi-lo falar em Paul Valéry. Ou seja, aquelas citações que haviam destacado nosso colega de classe acabaram por torná-lo um comunicador insuportável. Essa paixão excessiva pelo escritor o escravizou de tal maneira que todos os assuntos precisavam necessariamente passar por um trecho de uma das obras do autor que ele tanto admirava.

Se, por um lado, a paixão por uma causa, por uma ideia ou por uma pessoa pode produzir energia, disposição, determinação, por outro pode também tornar você um apaixonado escravo e dominado por esse sentimento. Não é diferente com a comunicação, desde uma causa que você possa abraçar até a maneira de defender uma ideia ou um ponto de vista.

Ao defender uma ideia, utilize com habilidade os argumentos que tiver à disposição, mas tome muito cuidado para não se apaixonar de forma demasiada por um deles. Se você exagerar no uso de um argumento para defender uma ideia, correrá o risco de repeti-lo tantas vezes que acabará por enfraquecê-lo. E, ao cometer esse deslize, você é impelido a repeti-lo muitas vezes, como se quisesse mostrar aos ouvintes como estava apoiado por uma razão que eles não estavam conseguindo enxergar.

Um bom argumento não precisará de muitas repetições para que possa ser notado, pois, ao ser citado, todos perceberão sua importância. No momento apropriado, se sentir necessidade de repeti-lo, é conveniente que procure usar palavras diferentes, como se estivesse analisando a ideia por um ângulo distinto.

Não exagere no uso de um argumento!

Outro cuidado importante na exposição de um argumento forte e poderoso é prepará-lo adequadamente antes de ser apresentado. Deve ser como uma fruta pronta para ser colhida. Se for apanhada antes do tempo, estará verde e sem condições de ser consumida. Se, ao contrário, permanecer por tempo muito prolongado no pé e ficar madura demais, também não poderá mais ser aproveitada. E essa preparação não deverá ser apenas do argumento dentro da mensagem, mas principalmente com relação aos ouvintes, que precisarão estar prontos para recebê-lo no instante mais apropriado. Talvez fosse possível afirmar que, tão importantes quanto o peso de um argumento, são o momento de apresentá-lo e a maneira moderada como será repetido.

A inteligência e a razão deverão prevalecer para que a ansiedade não ponha tudo a perder. Seja qual for o ramo de atuação, normalmente, em uma audiência, quando o advogado tem consciência da força e do poder da sua tese, a tendência é querer apresentá-la o mais rápido possível para que a ideia seja vencedora. Entretanto, essa precipitação poderá prejudicar seus argumentos por terem sido defendidos com a arma mais preciosa mas no momento indevido, acabando por gerar resultados inesperados, semelhantes ao efeito de um bumerangue. É o caso dos apartes no júri, chamados por Edilson Mougenot Bonfim de "tempero dos debates". Vejamos, para ilustrar bem essa circunstância, a remissão deste mesmo autor a Bernard Sur — na obra *Histoire des avocats en France* —, que narra o diálogo estabelecido em aparte no último dia do júri de Landru, primeiro famoso *serial killer* francês, que foi defendido por Moro-Giaferri e que negava a autoria e a materialidade (inexistência dos cadáveres) do crime:

> "*O advogado: 'Senhores Jurados, eu encontrei as vítimas que estavam desaparecidas e dadas como mortas'.*
> *O Juiz Presidente: 'Faça-as entrar!'.*
> *Toda a sala e os jurados viraram a cabeça na direção da porta.*
> *O advogado, dirigindo-se aos jurados: 'Vocês viraram a cabeça. Isto significa que existe dúvida!'.*
> *Nesse momento interfere o promotor: 'O único que não virou a cabeça foi Landru. Ele não tem dúvida!'.*

Como advogado, você deve ficar atento e ser cuidadoso o tempo todo ao usar seu argumento mais forte. Precisará apresentá-lo no instante mais adequado, para que os ouvintes possam apreciá-lo na sua plenitude, e evitar repeti-lo muitas vezes, para que não seja enfraquecido.

Há situações em que o sentimento deve prevalecer à letra dos autos. Não foram poucos os advogados que se notabilizaram por saber garimpar os argumentos mais relevantes e associá-los ao seu estilo pessoal, transformando-os em poderosas armas para vencer os embates.

Ruy de Azevedo Sodré, que ocupou o cargo de vice-presidente do Conselho Seccional dos Advogados do Brasil, ao prestar homenagem àquele que chamou de "Grande Advogado", Eurico Sodré, descreve assim sua atuação no Tribunal do Júri:

> "*Ao contrário da maioria dos que pontilhavam na tribuna do Júri, Eurico não se apegava cegamente às peças dos autos. Deles apenas tirava o essencial para armar a sua defesa, em que reservava boa parte à fundamentação doutrinária da tese esposada, sem prejuízo da parte sentimental, romanesca, psicológica do criminoso e ao drama que o envolvera. As suas perorações empolgavam*".

Refute possíveis objeções

Sabe bem o advogado que o único lugar em que os debates acontecem — com réplica e tréplica — é no processo penal, sujeitos ao procedimento ou ao rito do júri.

Nos debates que o advogado travar com o promotor no processo do júri, tem de ficar atento aos argumentos apresentados pela parte contrária para contestá-los no momento da fala da defesa. Afinal, durante a uma hora e meia de que dispõe, o promotor fará o que estiver ao seu alcance para expor seus argumentos mais valiosos. Durante a manifestação defensiva, caberá ao advogado contestar um a um todos os argumentos apresentados, pois aqueles que deixar de neutralizar poderão servir para o convencimento dos jurados.

Se, na réplica, o promotor fizer uso da uma hora a que tem direito, o advogado terá o mesmo tempo para a tréplica. Neste momento, além de contestar os argumentos usados no tempo de uma hora pelo promotor, terá ainda condições de esclarecer qualquer dúvida remanescente.

Se a hipótese for de uma audiência, analise antecipadamente se o *ex adverso* poderá fazer objeções à sua tese, e prepare-se para refutá-las. Este é o momento em que você deve defender seus argumentos. Lembre-se de que, dependendo da área em que esteja atuando, os momentos em que poderá defender oralmente os interesses de seu cliente são específicos de cada ramo do Direito. Apenas como exemplo, se estiver em uma audiência de instrução trabalhista, o momento de oferecer a contradita da testemunha é logo após a qualificação, mas antes do compromisso.

Depois de desenvolver toda a linha de argumentação, você precisará defendê-la de possíveis ataques. Imagine que poderá também enfrentar objeções expressas ou tácitas a seus argumentos diante de um auditório. Se forem expressas, poderão ser refutadas a partir da manifestação dos ouvintes. Se forem tácitas, como o ouvinte não se pronuncia a respeito, caberá a você imaginar que tipo de objeção a plateia estaria levantando e fazer a refutação correspondente.

O risco que você correrá, ao imaginar que os ouvintes possuem determinada objeção, é enganar-se e não haver ninguém pensando naquele problema. Neste caso, estaria fornecendo à plateia armas que poderiam ser usadas contra você mesmo. Uma questão interessante para ser analisada: que atitude tomar no caso de dúvida, isto é, de não ter certeza se a objeção existe ou não? Se ela existir e você não a considerar, dificilmente conseguirá convencer os ouvintes das suas ideias, porque, enquanto não for removida de sua mente, eles não concordarão. Se ela não existir e você fizer uma avaliação incorreta, estará levantando um problema para o qual, talvez, nem tenha uma boa refutação.

A solução, neste caso (provavelmente o mais comum de ser encontrado), é reforçar a linha de argumentos.

Por exemplo: se você objetiva a absolvição de seu cliente no júri, a ponto de inocentá-lo da autoria do homicídio, em vez de dizer: "Talvez os senhores devam estar imaginando que os tiros poderiam ter sido disparados mesmo de uma arma velha e enferrujada e que, por isso, o réu seja culpado!", poderia argumentar da seguinte forma: "O exame pericial na arma demonstra que não somente é velha, enferrujada, como ainda tem um defeito no seu mecanismo de funcionamento que a impede de disparar; portanto, jamais poderia esta arma ter sido disparada, o que configura, nesse caso, crime impossível por absoluta ineficácia do meio. Dessa forma, o crime não foi praticado com a arma incriminada, e, sendo essa a acusação, cai a autoria de homicídio imposta ao meu cliente".

Desse modo, seria apresentada uma sequência de dois argumentos, o que é muito mais vantajoso do que se valer de um argumento e uma tentativa de refutar uma objeção que talvez nem exista.

O momento em que o advogado deve refutar

Se a objeção for feita para um argumento específico, desde que a circunstância permita, a refutação deverá ser imediata. Se for feita para todos os argumentos ou para um grande número deles, deverá ocorrer logo após a ideia ser apresentada. São estratégias que poderão ser montadas nas mais diversas circunstâncias, como em congressos ou jornadas profissionais, quando são comuns os fóruns e as mesas de debates.

Entretanto, se você pressentir que, inevitavelmente, a plateia apresentará objeções, desde o início já poderá tentar enfraquecê-las; assim, quando terminar a argumentação, será mais fácil afastar a resistência remanescente. É o caso, por exemplo, de uma audiência em que o advogado, sabendo quais objeções seu adversário irá apresentar, desde o princípio já as antecipa, mostrando que a atitude contrária faz parte de uma manobra tão facilmente identificável que houve condições de trazê-la à tona antes mesmo de ser exposta.

As formas de refutar

Se os argumentos contrários se basearem apenas em hipóteses, sem provas concretas, a refutação poderá ser feita pela negativa das afirmações.

Porém, se a tese contrária se sustentar em documentos, a refutação deverá ser feita com alegações (se forem procedentes) sobre a qualidade do texto, demonstrando, por exemplo, que sofreu rasuras ou foi adulterado e que, portanto, não pode ser aceito como autêntico. É possível ainda questionar o estilo, que, pela sua ótica e experiência, se apresenta diverso do utilizado normalmente pelo suposto autor.

Se os argumentos se fundamentarem em semelhanças, podem ser refutados com base na impropriedade da comparação estabelecida. Assim, as semelhanças próprias dos animais ou das coisas inanimadas não podem ser atribuídas ao homem; os exemplos de outro país talvez não sirvam para o nosso, pois você, como advogado, poderá alegar que a cultura e as circunstâncias que cercam aquele povo diferem bastante da sua realidade; os exemplos históricos talvez não sirvam para o nosso tempo, pois você poderá dizer que, na época em que os fatos ocorreram, as condições eram totalmente diversas das que temos hoje. Ainda no exemplo histórico, se houver alguma dúvida quanto à sua veracidade, poderá tomá-lo como falso ou como tendo caráter fabuloso.

Observe o exemplo deixado por Enrico Ferri, um dos mais importantes advogados criminalistas da Itália em todos os tempos. Quando atuou como advogado de defesa de Carmine Fischetti, no Tribunal Criminal de Lucera, Ferri procurou demonstrar a falsidade dos documentos apresentados:

> "Mas examinemos as quatro letras de B.: as suas assinaturas assemelham-se à de Carmine Fischetti, especialmente à que se encontra nas duas letras de 1894. Com a diferença de essas não terem os fu Vitantônio, o que revela a falsidade das letras de B. Os senhores jurados devem ter observado um primeiro caráter geral: ponham as três letras umas atrás das outras e verificarão que, especialmente os fu Vitantônio, estão todos alinhados à mesma distância da margem, de maneira que coincidem, perfeitamente, uns sobre os outros. Ora, essa disposição, demasiadamente regular, principia a tornar o caso suspeito; porque, se eu assinasse três letras Enrico

Ferri fu Eraclio, seria impossível que os fu Eraclio coincidissem em todas as três exatamente uns sobre os outros, a igual distância das margens, nem mais nem menos um milímetro!".

A refutação de acordo com a qualidade dos argumentos

Estabeleça o plano de refutação de acordo com a qualidade dos argumentos contrários.

Se todos os argumentos forem fracos, você deverá separá-los e refutá-los um a um, porque eles só conseguem alguma consistência quando juntos; separados, tornam-se inconsistentes e podem ser facilmente destruídos. Entretanto, se a fragilidade da argumentação for muito acentuada, você poderá contestá-los todos ao mesmo tempo.

Se todos os argumentos forem fortes, a não ser que a sua refutação seja muito poderosa para derrubá-los um a um, deverá tentar rebatê-los simultaneamente, para procurar, com a força da emoção, romper a estrutura lógica da tese contrária.

Se os argumentos tiverem qualidade diferente, deverá refutar primeiro os mais fortes, deixando os mais frágeis para o final. Assim, seja qual for o interlocutor que pretenda convencer, juiz, jurados do júri ou plateia de um congresso, você terá chance de, ao vencer o mais frágil, que ficou por último, induzir o interlocutor a pensar que os anteriores também não tinham consistência e, igualmente, devem ser desconsiderados.

Recapitule em uma ou duas frases o que acabou de dizer

Pronto, sua apresentação está praticamente concluída. Convém agora, antes de encerrar, fazer uma breve recapitulação da essência do assunto que acabou de expor. Para isso, use apenas uma ou duas frases.

Encerre com informações consistentes, que possam levar à reflexão ou à ação

Evite encerrar com frases frágeis e inconsistentes. Aproveite o final para pedir que os ouvintes reflitam ou ajam de acordo com as propostas que apresentou.

Você poderá usar essa estrutura para montar suas apresentações, com total liberdade para alterar a ordem de algumas partes e até suprimir aquelas que julgar desnecessárias. Desde que suas modificações contribuam para o sucesso da apresentação, poderá agir como se sentir melhor.

No Tribunal do Júri

Embora o objetivo deste livro não seja ensinar matéria de Direito ao advogado, julgo interessante fazer constar em rápidas palavras como funciona o debate no Tribunal do Júri, já que este momento está intimamente ligado às técnicas da comunicação. Inicialmente toma a palavra o promotor para fazer a acusação. Em seguida, fala o advogado de defesa. É concedido o tempo de uma hora e meia a cada um para se pronunciar. Após as exposições iniciais, a acusação terá uma hora para a réplica, e o mesmo tempo será destinado para que a defesa faça sua tréplica.

Além desses pronunciamentos, mesmo não havendo regra escrita para os apartes, tanto a acusação como a defesa normalmente podem se manisfestar, desde que haja permissão da parte contrária para corrigir possíveis distorções na linha de argumentação que possam prejudicar sua causa. Os apartes devem ser respeitosos, rápidos e sem exagero. Caberá ao Juiz-Presidente observar a propriedade e a pertinência da quantidade e da duração dos apartes.

Segundo o penalista Manoel Pedro Pimentel, já citado, o momento da réplica e da tréplica é especial para a capacidade oratória do advogado:

> *"Na réplica ou na tréplica é que se evidenciam as qualidades oratórias. Sobretudo a argumentação explícita, clara de refutação às afirmações feitas pelo oponente, deve ser colocada de forma eloquente e convincente. O Conselho de Sentença já terá formado, nesta altura do julgamento, uma opinião provisória, que poderá tornar-se definitiva. Mas o orador deve disputar até o último instante".*

Exemplo de conclusão

Veja que exemplo excepcional de conclusão deixado por esse advogado que tive oportunidade de mencionar, Waldir Troncoso Peres. Ele proferiu este discurso, falando da paixão que sente pela advocacia:

"Para que vocês compreendam bem;
para que vocês sintam bem que realmente eu interpreto esta homenagem para a advocacia e não a mim;
numa tentativa de integração da advocacia com o homem;
para que vocês saibam e tenham consciência de quanto eu amo esta profissão;
de como obstinadamente eu a quero;
de como ela penetrou todas as emanações do meu espírito e do meu corpo;
eu digo a vocês aquilo que eu tenho repetido sempre;
que eu já pedi aos meus filhos, como última vontade, que me enterrem de beca.
Porque se a vida for contingente e eu amanhã tiver apenas que me mineralizar, pelo menos, eu estarei envolto no suor da minha beca, com a qual honradamente eu ganhei a minha vida.
Mas, se o transcendental existe e se do outro lado alguma coisa nos espera, ainda assim eu quero ser enterrado de beca.
Porque ela, que me ensinou a abrir a porta da cadeia, haverá de me ensinar a abrir a porta do céu.
Muito obrigado".[1]

---

[1] Ao término deste discurso proferido de improviso em 19 de dezembro de 1989, ao receber a distinção da espada e balança da Ordem dos Advogados do Brasil, de São Paulo, o Dr. Waldir Troncoso Peres recebeu aplausos prolongados. (Discurso anotado sem a revisão do orador.) Este trecho foi extraído do livro *Assim é que se fala*, de minha autoria e publicado pela Benvirá.

Capítulo 8

Recursos audiovisuais

Praticamente todos os escritórios de advocacia estão informatizados, e os advogados usam a tecnologia como ferramenta essencial para o desenvolvimento da sua atividade. Desde o mais simples relatório até as mais complexas pesquisas são feitos com o auxílio do computador.

Não é diferente com as apresentações. Nas palestras, nas conferências, nas defesas de dissertações de mestrado, de teses de doutorado, de cátedra, nas reuniões, nas aulas e em tantas outras circunstâncias, o profissional do Direito faz uso dos mais variados programas de computação para produzir visuais e tornar suas exposições mais eficientes.

Só para dar uma ideia da importância dos recursos visuais no sucesso das apresentações e de como o advogado não pode prescindir desse valioso instrumento, basta dizer que, de acordo com algumas pesquisas, se uma mensagem for transmitida apenas verbalmente, depois de três dias os ouvintes se lembrarão somente de 10% do que foi comunicado. Por outro lado, se as mesmas informações forem passadas com apoio de recursos visuais, após o mesmo período o público se lembrará de 65% do que foi transmitido. É fácil deduzir por esses dados que nos dias de hoje é quase impossível pensar que o profissional do Direito fará apresentações bem-sucedidas sem o uso correto desses recursos de apoio.

Entretanto, por mais necessários e importantes que eles sejam, independentemente da área do Direito onde esteja atuando e do tipo de evento do qual tenha de participar, você deverá estar preparado para fazer uma boa apresentação sem o uso de visuais. Por um motivo ou outro, você sempre correrá o risco de não poder contar com a ajuda dos recursos visuais no momento em que mais precisar deles. Especialmente os equipamentos de alta tecnologia podem apresentar defeitos difíceis de serem consertados rapidamente. Se ocorrer algum contratempo e você não estiver pronto com um plano alternativo, poderá pôr tudo a perder. Sem contar que, pelo fato de a advocacia ser tradicionalmente uma atividade que possui excelentes oradores, os ouvintes naturalmente esperam que o advogado consiga contornar as falhas tecnológicas com sua competência oratória. Por isso, prepare-se para se apresentar bem com a ajuda dos recursos visuais, mas esteja ainda mais bem preparado para falar sem eles. Se, de toda maneira, não for possível transmitir a mensagem que deseja sem o auxílio dos visuais, além dos aparelhos de projeção mais sofisticados vá munido com outros recursos mais simples, como cartazes, folhas para *flip chart* com os visuais já confeccionados. Se tudo der errado, você terá condições de atenuar o problema — levando em consideração ainda que, se precisar recorrer a eles, dará excelente exemplo de bom planejamento.

Cuidado com o exagero

Pela forma como estou iniciando este texto, você percebeu a minha preocupação com os inconvenientes dos recursos visuais nas mãos do advogado. Entretanto, não vou parar por aí; quero alertá-lo também sobre os riscos de usá-los indevidamente.

Tenho assistido a apresentações em que o advogado se vale de uma parafernália para projetar meia dúzia de itens diante de um grupo de cinco ou seis pessoas. Numa reunião no escritório, com meia dúzia de advogados, quando o visual não exigir muita elaboração, talvez seja mais apropriado lançar mão de um simples *flip chart* ou de um quadro branco. A experiência demonstra que, se uma pessoa usa 60 ou 70 *slides* na apresentação, provavelmente ela se sairia muito melhor se reduzisse para 25 ou 30. Da mesma maneira, se a intenção é se valer de 30 ou 40, obteria melhores resultados reduzindo para 10 ou 15. Se, por um lado, um número elevado de *slides* cobre a apresentação em praticamente todos os detalhes, por outro poderá tirar um pouco sua liberdade como orador. Por isso, com um número menor de telas, embora a apresentação não conte com o apoio de tantos detalhes, você ficará mais livre para fazer adaptações de acordo com a reação e a receptividade do público.

O espetáculo dos visuais não pode ser tão impressionante a ponto de, no final, os ouvintes mal conseguirem se lembrar de qual foi o assunto tratado. Resista à tentação e seja moderado na utilização dos recursos de apoio.

Quando usar um visual

Entre todos os objetivos a serem atingidos por meio da utilização de um visual, três deles são essenciais para que você, como advogado, se decida por usá-los ou não:

- destacar as informações importantes;
- facilitar o acompanhamento do raciocínio;
- possibilitar a lembrança do assunto por tempo mais prolongado.

Portanto, ao analisar se um visual deverá ser incluído ou eliminado, pergunte a você mesmo se o *slide* atende a esses três objetivos. Se você concluir que a resposta é positiva, deixe-o fazer parte da apresentação. Se, ao contrário, a resposta a qualquer um dos itens for negativa, por mais impressionante ou atraente que o *slide* possa parecer, não tenha receio de tirá-lo.

Cuidado com as armadilhas: evite usar um visual se ele servir apenas como ilustração para tornar a exposição mais vistosa, substituir informações que poderiam ser comunicadas verbalmente, atuar como simples roteiro ou, o que é ainda mais grave, para seguir a moda de outros advogados que costumeiramente se valem de recursos visuais. Elimine-o ou substitua-o também se o custo e o trabalho de preparação não puderem ser compensados pela relevância da reunião ou pelos benefícios esperados.

Conte com os recursos visuais

Todas as ressalvas que acabei de fazer foram com o intuito de evitar que você use os recursos visuais de forma indiscriminada e também para que não corra o risco de prejudicar suas apresentações. Mas é certo que, de maneira geral, os visuais funcionam como excelente apoio para que uma apresentação seja vitoriosa.

Se você precisar apresentar uma complexa linha de defesa para o seu cliente, especialmente em causas tributárias ou comerciais, promover um evento com os advogados do escritório para falar dos planos para o próximo exercício, ou reunir o pessoal para dar uma injeção de ânimo na tropa, provavelmente será mais bem-sucedido se contar com o auxílio de recursos audiovisuais. São apenas alguns exemplos que mostram a importância de saber usar bem esses recursos no exercício da sua profissão.

Dez regras básicas para produzir um bom visual

Se você seguir algumas recomendações bastante simples, poderá produzir visuais de boa qualidade e ter a certeza de que eles cumprirão bem o papel de tornar sua apresentação ainda mais eficiente:

1. Coloque um título

Um título bem escolhido permitirá que o ouvinte identifique e compreenda imediatamente as informações que irá observar.

Um bom título deve ser simples, de poucas palavras e muito esclarecedor.

De maneira geral, o título deve ser colocado na parte superior do visual.

2. Faça legendas

Tenha em mente que colunas e barras serão apenas colunas e barras se você não as identificar com legendas.

Para tornar mais simples a leitura das legendas, arredonde os números. Uma legenda será visualizada com maior facilidade se, por exemplo, você escrever que a produção de máquinas foi de 20 milhões de unidades, em vez de mencionar 20.001.250, a não ser, evidentemente, que essas 1.250 unidades sejam muito relevantes — o que dificilmente ocorreria.

3. Escreva com letras legíveis

Ainda hoje, alguns advogados teimam em produzir visuais com tamanho de letras que quase ninguém consegue ler — exceto aqueles que se sentam nas primeiras fileiras —, e essas pessoas, por não entenderem do que se trata, perdem o interesse pela exposição.

Por isso, use letras grandes, com tamanho suficiente para serem lidas especialmente pelas pessoas sentadas no fundo da sala.

4. Limite a quantidade de tamanho das letras

Para dar melhor uniformidade, use o máximo de três tamanhos de letra por visual. Esse cuidado, além de contribuir para a boa estética, permitirá que as pessoas leiam as letras mais rapidamente.

5. Componha frases curtas

Se existe um inimigo do bom visual, são as frases longas. Reduza o tamanho das frases até que ainda consigam representar em essência uma ideia completa. Procure não ultrapassar seis ou sete palavras por frase.

6. Use poucas linhas

Como orientação geral, se o visual for produzido no sentido horizontal, procure usar seis ou sete linhas. Se for no sentido vertical, você poderá chegar a oito ou nove linhas.

7. Use cores

Como tudo em comunicação, use, mas não abuse.

Os atuais programas de computador são uma tentação: é só clicar que os milhões de cores estão lá disponíveis. Por isso, alguns advogados fazem de seus visuais verdadeiras fantasias carnavalescas e pecam pelo excesso.

Uma boa precaução é usar cores contrastantes para destacar bem as informações e, sempre que possível, fixar um limite de três a quatro cores por visual.

8. Use apenas uma ideia em cada visual

Se os visuais forem bem concebidos, cada um deles deverá demonstrar a ideia central da mensagem a ser comunicada.

9. Utilize apenas uma ilustração em cada visual

Mais uma vez, a facilidade do computador poderá atrapalhar. Por isso, evite o excesso de ilustrações. A ilustração pode ajudar a tornar clara a mensagem, facilitando a compreensão dos ouvintes. Uma única ilustração é suficiente. Se precisar, complemente o visual com setas e flechas que orientem o sentido em que a informação deve ser lida — horizontal, vertical, de cima para baixo, de baixo para cima etc.

10. Retire tudo o que prejudicar a compreensão da mensagem

Retire todas as informações desnecessárias, como números, gráficos, legendas que possam distrair a concentração ou dificultar o entendimento do ouvinte. Só deixe no visual os dados que facilitem a compreensão da mensagem.

Orientação para projetar bem o visual

Posicione o equipamento e a tela de tal maneira que as informações possam ser vistas com facilidade por todos os ouvintes. Sempre que puder, use o *laser pointer*, pois terá mais liberdade para se movimentar na frente do grupo. Procure contar com pessoas competentes para a logística do evento. Sei que nem sempre é possível verificar todos os detalhes, mas, se contar com curiosos sem experiência para auxiliá-lo, correrá o risco de encontrar de tudo, desde banquinhos até dicionários servindo de base.

Dica preciosa: para ser mais eficiente na projeção de um visual, siga esta ordem:

* inicie explicando a informação que irá desenvolver;
* projete o visual;
* olhe na direção da tela para dar o exemplo de para onde os ouvintes deverão olhar;
* faça alguns poucos comentários e volte a fazer contato visual com a plateia.

Se o visual for um gráfico, você precisará olhar para a tela praticamente o tempo todo. Nesse caso, faça um comentário inicial mais extenso, procurando criar uma expectativa maior sobre o que será apresentado. No final, depois de concluídas as informações do visual, dê algumas explicações adicionais para fechar bem a mensagem.

Ah, se lhe disserem que não poderá ler o que está sendo projetado, não dê ouvidos. De vez em quando você poderá ler o visual projetado, pois assim estará ativando dois sentidos importantes dos ouvintes: a visão e a audição. E quanto mais sentidos os ouvintes usarem, melhor será a compreensão da mensagem. Considere ainda que a velocidade de leitura é diferente para cada pessoa. Se tiverem de ler um texto um pouco mais longo, enquanto alguns estarão nas primeiras frases, outros poderão já ter chegado àquelas que estão na metade. Se você ler, todos acompanharão a velocidade da sua leitura desde o início até o final.

Se você seguir essas recomendações, com certeza fará com que os recursos visuais sejam um poderoso aliado em suas apresentações.

Capítulo 9
Técnicas de apresentação

Em "Técnicas de apresentação", serão observadas as principais técnicas para a transmissão da mensagem que auxiliará o advogado a ser bem-sucedido em suas exposições. A escolha da técnica dependerá do estilo e da característica de cada profissional e da circunstância em que tenha de se apresentar.

Aprenda a falar de improviso

Falar de improviso, ao contrário do que algumas pessoas imaginam, não significa falar sem conhecer o assunto. Se um advogado se atreve a falar em um tribunal ou em reuniões com seus pares sem ter informações sobre a causa ou o tema que irá apresentar, o adjetivo mais benevolente que poderíamos lhe atribuir é irresponsável.

Quem fala sem conhecimento do conteúdo que pretende transmitir põe em risco sua imagem e sua reputação. Assim, se você for convidado para falar sobre um assunto que não conhece e não tiver tempo suficiente para estudá-lo, a atitude mais sensata é recusar o convite.

Da mesma forma, um dos erros mais graves que você poderia cometer é sentir-se tão seguro e confiante a ponto de negligenciar a preparação, passando a refletir sobre a causa do seu cliente apenas no momento em que já estiver diante, digamos, do *ex adverso* em uma audiência trabalhista ou dos jurados na sessão do júri.

Por isso, na hipótese de uma ação trabalhista, se, de forma inesperada, você for nomeado pelo juiz como defensor dativo, o melhor é requerer a redesignação de outra audiência, para que possa se preparar melhor, podendo até fazer constar em ata eventual indeferimento por parte do juiz da causa.

Portanto, independentemente da situação, quer em uma palestra, em uma reunião com os sócios do escritório, na apresentação de um seminário na faculdade ou no contencioso, de todos os recursos com os quais poderá contar para se sair bem nessas circunstâncias, os mais importantes serão sempre o preparo e o domínio do conteúdo.

Falar de improviso significa falar sem ter preparado, de forma conveniente, a apresentação.

Suponha que você esteja em uma reunião no escritório diante de outros advogados ou em um evento e seja convidado para falar sobre determinado tema. Embora o assunto não lhe seja estranho, você terá de estruturar o pensamento e organizar a sequência da exposição ali diante dos ouvintes. Essa é uma situação que identifica a fala de improviso.

Veja quais são as técnicas que poderão ajudá-lo a se sair bem em momentos como esse.

Fale antes sobre um assunto de seu domínio

Antes de desenvolver o tema de sua apresentação em um congresso ou de sustentar oralmente a tese jurídica em benefício de seu cliente, fale a respeito de um assunto que conheça com bastante profundidade e que tenha alguma ligação direta ou indireta com o conteúdo que deverá transmitir.

Esse assunto de apoio que você domina poderá ser uma causa que tenha defendido, um parecer de um colega que tenha estudado, curiosidades de um processo que esteja acompanhando com interesse, fatos que tenha presenciado, cenas de filmes que foram marcantes, passagens de livros que tiveram significado especial, viagens que realizou, desafios que enfrentou, conquistas que experimentou, temas relacionados à sua área de atuação no Direito ou ao seu passatempo preferido. Enfim, qualquer assunto sobre o qual possa falar com segurança e tranquilidade.

Depois de discorrer algum tempo sobre esse assunto de apoio, você deverá encontrar uma maneira de fazer a transição para o assunto principal.

É natural que, ao falar, por exemplo, em uma palestra ou, no processo, ou quando deva se manifestar na audiência, você saiba delimitar as etapas que pretende expor. Saberá quando fazer oportunamente a introdução, a preparação, o desenvolvimento do assunto central e a conclusão. Entretanto, os ouvintes receberão a mensagem como sendo uma só, desde o princípio até o final.

Ora, como você fala com desembaraço e desenvoltura ao abordar o assunto de apoio, pois é uma matéria de seu domínio, o ouvinte, recebendo a mensagem como sendo uma só desde a introdução até a conclusão, terá a impressão de que o seu domínio é da informação toda. Na verdade, você conhece bem o assunto de apoio e talvez apenas superficialmente o tema principal.

Lembre-se, entretanto, de que estamos nos referindo a situações excepcionais, quando você é requisitado a falar sem ter tido a oportunidade de se preparar de forma conveniente. Não precisaria alertar que o advogado no exercício da sua atividade deva conhecer muito bem tudo o que diz respeito à causa do seu cliente, conforme chamamos a atenção reiteradas vezes nos capítulos anteriores.

Resumindo: fale antes sobre o assunto que você conhece bastante e depois ligue-o ao tema que talvez não conheça tanto, objetivo da sua exposição. Exceção, obviamente, é a atuação no processo, pois, como é sabido, a regra é o advogado preparar-se sempre, de forma a conhecer com detalhes não apenas a matéria jurídica, mas a própria causa (os fatos, as provas, seu cliente etc.).

Alguns cuidados sobre o uso do assunto de apoio:

- não desenvolva o assunto de apoio por tempo demasiado, para não dar a impressão de que ele é mais importante que o tema principal;
- escolha como apoio aquele assunto que você conhece muito bem. Não caia na armadilha de optar por um assunto para apoiar a apresentação apenas pelo fato de existir algum tipo de ligação entre ele e o principal;
- não passe de maneira abrupta do assunto de apoio para o tema principal;
- não dê a impressão de estar ganhando tempo, pois não é esse o objetivo da técnica do improviso.

Tenha em mente que o assunto de apoio deverá servir para que os ouvintes o vejam como um advogado que conhece bem o tema da apresentação e também para auxiliá-lo a organizar de forma mais criteriosa e correta a sequência da fala.

Outras funções do assunto de apoio

Mesmo sabendo que a objetividade é cada vez mais requisitada em quase todas as situações ligadas ao exercício da advocacia — pois, com a vida corrida que levamos, não sobra tempo para ouvir exposições muito longas —, secar conversa pode ser visto também como atitude negativa.

Um bom orador nem sempre é aquele que já nos primeiros instantes da exposição entra diretamente no assunto que pretende transmitir.

O orador de qualidade, às vezes, para tornar sua apresentação mais interessante, mais estimulante, mais atraente, mesmo conhecendo bem o tema que irá apresentar, separa o assunto e procura preservá-lo. Atinge essa finalidade usando como apoio um assunto que lhe é muito familiar.

Ao abordar um assunto preliminar, de seu conhecimento, cria uma expectativa adicional nos ouvintes, deixando-os mais interessados em receber as informações da mensagem principal.

Observe o desempenho dos grandes advogados, especialmente nos casos em que são convidados, quando se apresentam em grandes eventos, como congressos, seminários e jornadas. Note que a maioria deles se vale de assuntos que conhece muito bem para preparar de maneira mais apropriada suas apresentações e torná-las ainda mais interessantes.

Procure seguir o exemplo desses oradores. Antes de apresentar o assunto central da sua mensagem, analise se não poderia se valer do apoio de um assunto que conhece muito bem e torne sua exposição mais instigante.

Se os assuntos forem ligados um ao outro de forma natural, poderá dar a impressão aos ouvintes de que se trata de uma só mensagem e tornar a apresentação muito mais atraente.

Também serve para o improviso

Além dos assuntos de seu conhecimento de que você poderá lançar mão como recurso para as falas de improviso, será possível contar também com os fatos que tenha observado pouco antes do momento da sua apresentação.

Por exemplo: você poderá iniciar citando uma notícia que tenha ouvido há pouco durante o trajeto em uma emissora de rádio, ou um fato curioso que tenha lido no jornal pela manhã, ou ainda um diálogo que manteve com alguns advogados pouco antes da reunião. Esses assuntos atuais darão a você mais confiança, por serem recentes. E, por causa dessa atualidade, provavelmente serão ainda mais estimulantes para os ouvintes.

Esses são apenas alguns dos recursos com os quais você poderá contar para fazer bem os improvisos. Seja qual for a situação, saiba, todavia, que, quanto mais você conhecer o assunto a ser tratado ou quanto mais se preparar para uma audiência, mais seguro se sentirá diante do público e mais eficiente será a sua comunicação.

Por isso, por mais irônico que possa parecer, prepare-se cuidadosamente para que possa fazer cada vez melhor seus improvisos.

Aprenda a ler em público

Ao longo desses mais de quarenta anos, tenho treinado advogados das mais diferentes especialidades para falar com desembaraço e confiança. Essa experiência permitiu-me constatar que é muito raro encontrar quem saiba ler em público de maneira correta e eficiente.

A maioria não se dá conta de como deverá se dedicar para ter o domínio total da técnica da leitura. A não ser que você já tenha alguma experiência, precisará de duas a três horas de exercícios para desenvolver uma leitura de boa qualidade.

Ao pesquisar os motivos que levam advogados ou profissionais de outras áreas a ter tanta dificuldade com essa técnica de comunicação, entre as causas mais relevantes pude observar duas que se destacam.

A primeira é que a maioria teve poucas chances de ler em público. Se você pensar bem, vai concluir que falamos de improviso desde o primeiro ano de vida. Entretanto, as chances de ler em voz alta diante de um grupo de ouvintes são bem mais reduzidas. Alguns passam a vida toda sem nenhuma oportunidade de ler em público.

A outra causa é que, além de, normalmente, os advogados não terem experiência suficiente para ler em público, quando precisam lançar mão desse recurso de comunicação se apresentam sem critérios técnicos adequados.

Portanto, para ler em público com eficiência, atente para as recomendações a seguir.

Mantenha contato visual com os ouvintes

Tenha em mente que a mensagem deve ser transmitida para os ouvintes. Por isso, não fique olhando para o texto o tempo todo, como se estivesse conversando com o papel. Durante as pausas prolongadas e nos finais de frases, olhe para os ouvintes e demonstre com essa atitude que as informações estão sendo transmitidas para eles.

Cuidado também para não olhar sempre para as mesmas pessoas. Distribua a comunicação visual olhando ora para um lado, ora para outro. Assim, todos se sentirão incluídos no ambiente.

Uma boa dica para você não se perder enquanto olha para os ouvintes é marcar a linha de leitura com o dedo polegar, pois, ao voltar para o texto, saberá exatamente onde parou.

Outro defeito que aparece com frequência é o orador tirar os olhos do texto, mas, em vez de olhar para os ouvintes, olhar para o teto, revirando os olhos como se estivesse em transe.

Mantenha o papel na altura correta

Se você deixar o papel muito baixo, terá dificuldade para enxergar o texto. Se, entretanto, deixar muito alto, esconderá seu rosto da plateia. Por isso, procure deixar a folha na altura da parte superior do seu peito, para ler com maior facilidade e não se esconder do público.

Considere também que, se o papel estiver muito baixo, você terá de abaixar muito a cabeça para ler e levará muito tempo para retornar, olhar para as pessoas e vê-las. Deixando a folha na altura da parte superior do seu peito, bastará levantar um pouco a cabeça para tirar os olhos do texto e já estará mantendo a comunicação visual com os ouvintes.

Falando em não abaixar a cabeça, ao digitar o texto procure usar apenas os dois terços superiores da página, deixando o terço inferior em branco. Esse cuidado permitirá um contato visual mais tranquilo e suave com os ouvintes, já que, para vê-los, bastará levantar os olhos, sem movimentar muito a cabeça.

Faça poucos gestos

Se a gesticulação na fala de improviso, sem papel nas mãos, deve ser moderada, na leitura essa moderação dos gestos deve ser ainda maior.

Exceto nos casos em que a mensagem exigir expressão corporal mais ativa — como nas circunstâncias de grande emoção —, de maneira geral, ao ler uma página, você poderá se limitar a meia dúzia de gestos.

É melhor fazer poucos gestos, que destaquem as informações mais relevantes com convicção e firmeza, do que demonstrar hesitação e insegurança soltando repetidamente a mão do papel e retornando depressa, como se estivesse arrependido de ter feito aquele gesto.

Como a falta dos gestos não trará tanto prejuízo ao resultado da apresentação, se você for muito inexperiente e encontrar dificuldade para gesticular, será melhor que não gesticule. Fique o tempo todo segurando a folha com as duas mãos.

Faça marcações

Pequenas marcações no texto podem facilitar a interpretação da mensagem. Use, por exemplo, traços verticais antes ou depois das palavras para indicar o momento de fazer pausas mais expressivas, e traços horizontais embaixo das palavras que mereçam maior destaque.

Observe que essas marcações não coincidirão necessariamente com a pontuação gramatical. Por exemplo, nessa frase que você acabou de ler, se você fizesse uma pausa depois da palavra "marcações", poderia dar mais expressividade à leitura.

E se você tremer?

Até advogados muito experientes chegam a tremer quando precisam ler diante do público. Se você também costuma sentir tremores nas mãos, uma boa saída é usar folhas de gramatura mais encorpada. Somente pelo fato de saber que com as folhas mais grossas os pequenos tremores não serão percebidos, você irá se comportar com maior tranquilidade e, provavelmente, não tremerá.

Não se canse de treinar

Você não pode ter preguiça para treinar. Para exercitar, selecione textos de jornais ou de revistas, faça marcações para ajudar na interpretação e treine fazendo gravações com o smartphone. O ideal é treinar várias vezes olhando para uma parede, colocando-se mais ou menos a três metros de distância. Depois que já tiver o domínio da leitura, grave com o smartphone para fazer pequenos ajustes.

A não ser que você tenha bastante experiência, um texto, para ser bem lido e interpretado, necessita de pelo menos quinze ensaios, pois somente aí é que você conseguirá soltar-se do papel com tranquilidade e se comunicar de forma eficiente com os ouvintes. Não se esqueça, entretanto, de que, para ter domínio total da técnica, precisará daquelas duas a três horas sobre as quais comentei no início.

Cuidado também para não ensaiar muito a ponto de decorar a mensagem e se esquecer de olhar para o papel. Se este fato ocorrer diante da plateia, pelo menos finja que está lendo.

Situações em que a leitura é recomendável

A leitura deve ser reservada para circunstâncias especiais como:

- pronunciamentos oficiais;
- textos muito técnicos que não possam conter erros;
- discursos de posse de presidentes de entidades, pois esse é o momento em que apresentam as bases da sua administração e não devem, portanto, improvisar;
- discursos de despedida de presidentes de entidades, pois, ao deixar o cargo, de maneira geral fazem um levantamento das suas realizações;
- agradecimentos de homenagens feitas a grupos, especialmente quando a mensagem representar a filosofia das pessoas, ou o discurso tiver de ser distribuído para a imprensa;
- discursos de oradores de turma, pois, nesse momento, estão representando a vontade de todos os colegas formandos.

Embora a recomendação da leitura seja para situações especiais, como essas mencionadas acima, há exemplos de oradores que se notabilizaram pela competência com que liam seus discursos em todas as circunstâncias.

Na sessão solene realizada na Faculdade de Direito da Universidade de São Paulo, para a entrega do busto em bronze do Professor Alcântara Machado, discursou como orador oficial o Dr. Levi Carneiro, membro da Academia Brasileira de Letras, jurista e catedrático de Direito. Em determinado trecho de seu discurso, o grande advogado traçou um curioso perfil da comunicação do homenageado:

"Não só pela palavra na tribuna – talvez, antes, fora dela, conseguiria seu objetivo. Sua atuação foi, pois, onímoda. Seus discursos, relativamente poucos, não revelam, senão de modo restrito, tudo o que fez; cada intervenção nos debates públicos marca, porém, um episódio considerável na vida da Assembleia.

Conversador gracioso, até mordaz, de palavra medida, voz baixa, por vezes difícil de apreender perfeitamente, não era orador fecundo, de improviso fácil e deslumbrante. Bem raro terá falado assim. Preferia ler o discurso escrito. Escrevia-o, com meticuloso cuidado e apurado bom gosto, retocando-o até à última hora, naquela sua letra miúda e nervosa, quase sempre em pequeninos pedaços de papel, que enrolava entre os dedos.

Lia, porém maravilhosamente, realçando todos os primores do estilo, em cada trecho, a emoção ou a ironia que combinava, atenuando uma com a outra.

Sua palavra parecia descer de uma cátedra e tinha o cunho das convicções calorosas e firmes.

Era uma palavra de comando; ajustava-se à noção de Paul Valéry: 'la parole est le gouvernement d'un homme par un autre...'.[2]

Era a eloquência, como Pascal a conceituava – 'une peinture de la pensée'".[3]

Outro exemplo interessante foi deixado pelo Dr. Luiz Flávio Borges D'Urso no discurso de posse da sua reeleição para a OAB-SP. Se a regra fosse aplicada, ele deveria ler o discurso por dois motivos: por

---

2 "A palavra é o governo de um homem por um outro."
3 "uma pintura do pensamento."

deixar o cargo de presidente, quando o orador faz um balanço das suas realizações, e pela posse no novo mandato, quando deveria apresentar as bases do que iria concretizar. Contrariando o protocolo, D'Urso falou de improviso. E quem assistiu à sua apresentação com certeza há de concordar comigo: aquele era um discurso de posse que não poderia ser lido. Por melhor que fosse a leitura, tiraria o brilho e a força da emoção que empolgou a plateia naquele instante memorável.

Tanto assim que o então governador José Serra, que fez seu discurso logo em seguida, revelou que aquele foi um dos melhores improvisos que ouviu em sua vida.

Assim é a comunicação. As regras estão aí para nos orientar, mas, de acordo com as circunstâncias do momento, podem — e às vezes devem — ser desconsideradas.

Recursos de apoio

A insegurança e o medo de esquecer as informações levam alguns advogados a buscar apoio em duas formas de apresentação da mensagem: a leitura e a fala decorada. Entretanto, esses dois recursos nem sempre são recomendáveis. A leitura, porque deve ser reservada a momentos especiais, conforme já vimos. A fala decorada, porque traz inúmeros inconvenientes. Só para citar alguns: o risco de esquecer uma palavra importante na ligação de duas ideias, o que seria uma tragédia, pois normalmente o advogado que decora não se prepara para falar de improviso e por isso não saberia como continuar; a quase certeza de parecer artificial e ficar com aquele olho brilhante, próprio de quem está querendo ler um papel lá no fundo da mente enquanto procura se lembrar da sequência memorizada; e o receio de se perder ao interromper a linha planejada para aproveitar fatos do ambiente que ajudariam a tornar a exposição muito mais interessante.

Entre o céu e o inferno, entretanto, há excelentes recursos, como o roteiro escrito. É um procedimento muito simples e fácil de ser usado: escreva em uma folha de papel algumas frases que ajudem a ligar a sequência da sua apresentação. Cada frase deverá conter uma ideia completa, isto é, a essência do pensamento que deseja comunicar. Quando estiver diante da plateia, em palestras que tenha de proferir, ou diante de alunos, em aulas que tenha de ministrar — que são bons momentos para se valer da técnica —, você deverá ler a frase e em seguida fazer comentários a respeito dela, criticando, elogiando, ampliando, concordando, discordando, associando-a com outras informações, até que essa parte da mensagem esteja concluída. Logo após, você deverá ler a próxima frase e fazer outras observações. E assim, lendo as frases e fazendo comentários que as complementem, poderá realizar uma boa apresentação. A vantagem do roteiro escrito é que, com esse recurso, você terá não só a segurança da sequência de todas as etapas importantes da apresentação relacionadas pelas frases que serão lidas, mas também a liberdade para desenvolver o raciocínio diante dos ouvintes.

O roteiro escrito poderá ser utilizado em qualquer circunstância e em todos os momentos vai mostrar-se muito útil. Os advogados mais experientes se valem dele.

Ao levar o roteiro escrito como apoio, aja com naturalidade e leia as frases sem tentar disfarçar essa atitude. Se perceber que os comentários complementares consumirão tempo prolongado, deixe a folha de papel sobre a mesa ou coloque-a no bolso para ter um pouco mais de liberdade com as mãos. Quando, entretanto, os comentários forem mais rápidos, continue com o papel na mão, pois o fato de guardar e pegar a folha com as anotações muito seguidamente pode passar a ideia de insegurança ou hesitação.

Em situações menos complexas, você poderá usar um cartão de notas. Esse recurso é diferente do roteiro escrito. Consiste em um cartão pequeno, uma folha de cartolina do tamanho da palma da mão, por exemplo. Nesse cartão, você anotará as palavras mais importantes na sequência da sua apresentação, além de algumas cifras e datas que precisariam ser mencionadas. Observe que os dois recursos são muito diferentes. O roteiro escrito contém frases com ideias completas que deverão ser lidas, enquanto o cartão de notas possui apenas as palavras que ajudarão a constatar se a sequência planejada para a apresentação está sendo seguida.

Embora o roteiro escrito seja recomendado para exposições mais longas e complexas, e o cartão de notas, para falas mais curtas e simples, nada o impedirá de optar por um ou por outro em qualquer circunstância.

Você poderá se valer também de um esquema mental. É uma técnica simples, eficiente e muito prática. Assemelha-se a um roteiro escrito simplificado, com a diferença de que suas etapas, em vez de ficarem no papel, são guardadas mentalmente. Como os tópicos precisam ser memorizados, devem ser relacionados em pequena quantidade e de uma maneira simples para que possam ser lembrados com facilidade.

Provavelmente, a grande maioria dos advogados que se apresentam falando de improviso está, na verdade, usando um esquema mental. Como apenas as indicações das etapas são memorizadas, a impressão dos ouvintes é de que a fala está sendo improvisada.

É muito simples guardar mentalmente tais etapas. Estude com cuidado cada uma delas para ter segurança do caminho que irá percorrer, mas evite memorizar tudo do jeito que estiver ensaiando. Decore apenas as etapas e deixe as palavras para o momento em que tiver de falar, exatamente como faz no dia a dia, quando está conversando no escritório como outros advogados.

Cada um deverá usar a técnica com a qual possa se sentir mais à vontade. O esquema mental é um bom recurso e, se você se sentir bem com ele, poderá ser uma boa opção.

Capítulo 10
Falas circunstanciais

Neste capítulo serão incluídas propostas de modelos de discursos que poderão ser proferidos em homenagens, entregas de prêmios, agradecimentos, despedidas e apresentações de oradores. Essas situações serão cada vez mais comuns à medida que você for se destacando como advogado bem-sucedido.

Serão estudados os seguintes tipos de apresentação:

* como fazer uma homenagem;
* como agradecer uma homenagem;
* como fazer um discurso de despedida;
* como apresentar um orador;
* como entregar um prêmio.

Como fazer uma homenagem

Modelo simplificado

* conquiste a simpatia e a benevolência do público;
* faça um histórico das atividades ligadas à vida do homenageado;
* fale das qualidades do homenageado, revele seu nome e o motivo da homenagem;
* encerre com mensagem de otimismo, desejando ao homenageado muitas conquistas e realizações.

Orientação detalhada

1. Conquiste a simpatia e a benevolência do público

Para que esse objetivo da introdução seja atingido, você poderá expressar sua alegria e satisfação por estar representando o escritório ou os colegas advogados na homenagem que é feita a um amigo muito querido.

2. Faça um histórico das atividades ligadas à vida do homenageado

Nessa fase de preparação da homenagem, você poderá contar um pouco da história das atividades do homenageado.

Por exemplo, se o homenageado for um advogado, poderá contar a história do escritório onde ele trabalha, da associação que dirige, ou comentar sobre o crescimento e a importância da advocacia no país.

Se for um sócio do escritório, contar a história da sua organização, como foi criada e em que circunstâncias se desenvolveu.

Se for o presidente ou diretor de um clube ou associação, da mesma forma, contar a história da referida entidade.

3. Fale das qualidades do homenageado, revele seu nome e o motivo da homenagem

Essa é a parte em que você deve fazer a homenagem propriamente dita. Poderá se referir às qualidades do homenageado como chefe de família exemplar, mãe dedicada, amigo que está presente em todos os momentos, profissional competente que desempenhou papel fundamental no crescimento das atividades do escritório a que pertence.

Quando o ambiente for informal e a amizade permitir, caberá, neste instante, uma pequena brincadeira com o homenageado. Falar, por exemplo, do extraordinário craque de futebol, quando todos sabem que é o pior jogador da associação dos advogados.

Se até então você conseguiu "guardar segredo" sobre o nome do homenageado, para criar maior expectativa no público, mesmo que todos saibam de quem se trata, esse é o momento de revelar para quem e por que a homenagem está sendo prestada.

4. Encerre com mensagem de otimismo, desejando ao homenageado muitas conquistas e realizações

Na última parte da homenagem, você poderá desejar que tudo de bom aconteça ao homenageado. Fará votos para que ele continue conquistando suas vitórias, crescendo profissionalmente, com muita paz, saúde, harmonia na família, e sendo sempre o grande amigo e extraordinário companheiro que sempre foi.

Não há objeção

Não há objeção durante uma homenagem. Pelo menos não deveria existir.

Um dos momentos mais extraordinários da oratória em todos os tempos ocorreu quando o orador precisou enfrentar objeções a uma homenagem.

Posso afirmar que, ao longo da minha carreira como professor de oratória, pesquisando e experimentando as mais diversas técnicas da comunicação, jamais encontrei um discurso mais representativo que este proferido por Brasílio Machado, chamado de "o paladino do Direito".

O orador precisou de presença de espírito, sensibilidade e muita competência para superar um momento delicado e extremamente complexo. Os abolicionistas de São Paulo haviam preparado uma homenagem a José Bonifácio de Andrada e Silva. Brasílio Machado foi o orador convidado para fazer o discurso e falar em nome de todos. Entretanto, depois de tudo acertado, ocorreu um fato constrangedor: o homenageado não compareceu ao evento.

Indignadas com tamanha desconsideração, as pessoas passaram a criticar aquela ausência. Imagine a situação em que se encontrou o orador, precisando fazer a homenagem enaltecendo as qualidades do homenageado e ao mesmo tempo considerar a revolta que se apossara da plateia. Veja com que habilidade Brasílio Machado superou o desafio:

"Senhores:

Se não me fora consentido dominar as revoltas do pesar, que uma circunstância do momento instiga, mas que a reflexão modera, e eu pudesse, numa síntese enérgica, condensar as interrogações que mal se calam na boca de quantos me escutam, sob cada palavra minha eu deveria sentir as palpitações de uma surpresa amarga, e em cada gesto deveria adivinhar o constrangimento.

Por que nos reunimos? Para afirmar... E o que afirmamos? Uma homenagem. Mas quem pressuroso acode recebê-la? Ninguém!

Pois que o eminente cidadão, em cuja honra se organiza esta homenagem, não pode vencer as travadas linhas da solidão e da modéstia em que se isolou, e destarte se esquiva às exclamações que o esperavam. (...)

(...) Não! Senhores, o que afirmamos não é um homem, é um princípio; não é a estátua, é a significação; não é o foco, mas a irradiação; não é a pessoa, mas a propaganda.

Ausente, José Bonifácio se distancia, mas pela elevação: a luz quanto mais sobe, mais se aproxima; a ideia quanto mais domina, mais se eleva. Senti-lo ausente é mais significativo que o saudar de perto. Deixemos, pois, o grande solitário da liberdade: não perturbemos em seu retiro o evangelista dos escravos".

Leia mais de uma vez esse discurso. Procure perceber as sutilezas que o extraordinário advogado incluiu em cada uma das frases para desarmar a resistência dos ouvintes e levá-los a comungar com sua opinião no final.

Como agradecer uma homenagem

Modelo simplificado

- agradeça a homenagem e ao orador que o homenageou;
- divida as glórias com a equipe;
- demonstre interesse pelo bem-estar social;
- encerre com uma mensagem forte e motivadora.

Orientação detalhada

1. Agradeça a homenagem e ao orador que o homenageou

Quando as pessoas prestam uma homenagem, esperam ver no semblante e nas atitudes do homenageado o sentimento da gratidão, da alegria e da felicidade.

Portanto, seria natural que você, como homenageado, iniciasse o agradecimento falando de como está emocionado e feliz com a homenagem que recebeu.

Outra atitude pertinente à introdução da fala é agradecer as palavras do orador que fez a homenagem. Nesse momento, seria possível dizer que aquela mensagem carinhosa só poderia ter saído de um coração amigo e benevolente como o do orador. Se for um conhecido de longa data, conviria incluir referências, demonstrando que o exagero das suas palavras deve ser creditado a uma amizade de muitos anos.

Cabe, também, ainda nesta primeira parte, um rápido agradecimento pela presença dos ouvintes que saíram de suas casas ou permaneceram além do horário de trabalho para tornar mais importante aquele momento tão significativo.

2. Divida as glórias com a equipe

Por mais solitário que tenha sido o trabalho desenvolvido para merecer a homenagem, provavelmente alguém esteve a seu lado para auxiliar. Um simples motorista que ficou à disposição para entregar correspondências, ou uma secretária que atuou junto ao telefone fazendo contatos ou executou os trabalhos de digitação. O mais comum é ter contado com a ajuda de uma equipe.

Em qualquer caso, esse seria o momento para repartir os louros da homenagem. Poderia dizer que o trabalho foi executado e os objetivos atingidos porque pôde contar com a colaboração de pessoas tão dedicadas e competentes, e que a homenagem também deveria ser estendida a elas.

3. Demonstre interesse pelo bem-estar social

Na terceira parte do agradecimento, você poderia referir-se à atividade que motivou a homenagem e associá-la a uma causa nobre.

Qualquer atividade, por mais simples que seja, só existe porque proporciona algum tipo de benefício à sociedade.

Por exemplo, a inauguração da fábrica de ônibus contribuiria para melhorar a qualidade do transporte; o crescimento do escritório de advocacia permitiria que a justiça estivesse mais presente na sociedade; o lançamento de novos títulos de livros ajudaria no aprimoramento da cultura.

4. Encerre com uma mensagem forte e motivadora

Esta última parte, em geral, apresenta problemas para a comunicação do orador. Por isso, você deve saber antecipadamente qual mensagem deseja transmitir.

Poderia renovar os agradecimentos à equipe e dizer que espera juntar-se a ela em outros empreendimentos semelhantes, agradecer novamente a homenagem, salientando como é significativa na sua vida e na sua realização profissional, ou estender a homenagem a uma pessoa que tenha contribuído para que abraçasse a sua profissão, como o pai, a mãe, um parente, amigo protetor ou professor.

Veja o exemplo magnífico de encerramento deixado pelo Dr. Pontes de Miranda ao agradecer o prêmio Teixeira de Freitas, que recebeu no Instituto dos Advogados do Brasil:

> *"No fim da vida, tenha ou não terminado o que pensei fazer, o que desejo é que me reconheçam o meu amor nunca excetuado, nunca, sequer, por outro amor maior: o amor ao Brasil. Dedicando toda a vida ao trabalho, fiz o que pude. Mais pudesse, mais teria feito.*
>
> *Apenas não fiz, sem culpa minha, tudo o que quis; e talvez não faça, sem culpa minha, tudo o que quero.*
>
> *O único pedido que tenho para Deus — se Deus, sendo, pode atender a tão pequenos pedidos — é que me dê tempo para acabar as minhas obras. Eu, de mim, prometo que continuarei dando as doze, as treze, as quinze e às vezes as dezesseis horas diárias para que, de olhos fitos no meu porto espiritual do Destino, não caia, antes de alcançá-lo, no caminho.*
>
> *Não quis nunca, não quero, não quererei mais do que isso. Ser e ter para fazer. Ser, sem fazer, é navegar sem chegar a qualquer*

porto. *Ter, sem ser, é a injustiça que o destino do homem não mais admite. Fazer, sim; fazer algo que sirva ao homem, por menos que seja.*

Trilhões de vidas humanas passaram, trilhões hão de passar. O que fica é o que se fez. E o que se fez é de todos."

Como fazer um discurso de despedida

Modelo simplificado

* comente de forma genérica a partida, como chegou, como foi tratado e como está saindo;
* revele os motivos da partida e os planos para o futuro;
* demonstre vontade de retornar.

Orientação detalhada

1. Comente de forma genérica a partida, como chegou, como foi tratado e como está saindo

Essa estrutura didática do discurso é muito útil para que você organize com facilidade a sequência da fala e ajude o ouvinte a acompanhar com mais atenção a mensagem. Por isso, analise cada uma das etapas desta primeira parte.

2. Comente de forma genérica a partida

Talvez as pessoas já saibam de sua partida e, cá entre nós, brincando um pouco de maneira irônica com a situação, talvez fosse possível dizer que, dependendo de como você tenha se comportado, estejam até vibrando com ela. Como a informação é rápida, mesmo que as pessoas tenham essa notícia, é sempre uma boa forma de iniciar.

Para não contar um fato conhecido como sendo uma grande novidade, a informação pode ser iniciada com o comentário: "Como todos vocês sabem", "Como é do conhecimento geral" ou "Como todos estão sabendo".

3. Como chegou

Fale que tipo de sentimento possuía ao chegar àquele local. Estava triste por ter deixado sua terra natal e se afastado dos amigos;

estava temeroso porque não sabia que tipo de ambiente encontraria; estava feliz porque o maior desejo sempre foi pertencer àquele grupo.

Mesmo que o sentimento tenha sido negativo, não importa, porque é quase certo que ele tenha se modificado durante a convivência com aquelas pessoas.

4. Como foi tratado

Fale do ótimo tratamento que recebeu juntamente com a família, fazendo-o sentir-se rapidamente como se estivesse em sua própria casa ou vivendo em sua cidade natal.

5. Como está saindo

É evidente que, no momento de partir, só poderia dizer que está triste por ter que deixar amigos tão queridos.

Lembre-se de que a tristeza é pelo fato de deixar as pessoas. Assim, mesmo que, por exemplo, esteja saindo do escritório por causa de um emprego muito melhor, ainda poderá dizer que está entristecido com a partida.

6. Revele os motivos da partida e os planos para o futuro

Nesse momento, você poderá comentar os motivos que o levam a partir. Pode ser o final de uma tarefa, a conclusão de um curso ou o desafio de um novo trabalho. Falar em desafio é sempre mais simpático do que dizer que está saindo por causa de uma ótima oportunidade financeira ou progresso profissional.

Ainda nessa parte, diga o que deseja realizar no futuro. Você pode falar que espera desenvolver o mesmo trabalho que realizou; que pretende pôr em prática o que aprendeu ou que espera encontrar pessoas tão extraordinárias como as que está deixando.

7. Demonstre vontade de retornar

Fale que, após conhecer pessoas tão maravilhosas naquele local, depois que cumprir a nova missão, a sua única vontade é voltar para rever os velhos amigos ou para conviver novamente com eles. Pode falar, também, que espera recebê-los em uma visita ou que gostaria de encontrá-los em breve.

Como apresentar um orador

Modelo simplificado
* fale sobre o motivo do evento;
* fale sobre a importância do tema;
* fale sobre o orador;
* convide o orador para falar.

Orientação detalhada

Antes de comentar sobre os detalhes de cada uma das etapas de como apresentar um orador, vale a pena chamar a atenção para dois pontos importantes nesse tipo de discurso.

O primeiro deles é para que você não se esqueça de pedir o currículo do orador.

Ao receber o currículo das mãos do próprio orador, terá a certeza de que todas as informações mencionadas estarão corretas e de acordo com a vontade dele.

O segundo é para que confirme o nome, a pronúncia e a forma de tratamento que deverá ser usada.

Certifique-se com o próprio orador ou com alguém da assessoria dele por qual nome ele deseja ser chamado. Algumas pessoas possuem muitos nomes e adotam apenas dois ou três deles. Se você tomar a iniciativa de escolher os nomes que deveriam ser usados, poderá errar. Não confie na sua experiência, julgando que sabe qual é a pronúncia correta do nome, pois poderá se surpreender com as informações que receber do orador.

É importante também saber se ele gosta de ser tratado por professor, doutor ou se tem preferência por alguma outra forma de tratamento.

Após ter tomado essas precauções, vamos ao roteiro para apresentar o orador.

1. Fale sobre o motivo do evento

Diga por que as pessoas estão reunidas e qual o assunto que será tratado.

Se o evento for um encontro frequente dos sócios de um clube, como o Rotary ou o Lions, ou de qualquer outra entidade, o motivo da reunião das pessoas será conhecido. Nessas circunstâncias, bastará dizer: "Na reunião de hoje (ou na reunião desta semana) iremos tratar de um tema importante para toda a sociedade: o controle do uso das drogas".

2. Fale sobre a importância do tema

Você já sabe que falar sobre a importância do tema não significa fazer a palestra no lugar do orador. Fale apenas o suficiente para deixar os ouvintes mais interessados na palestra. Para saber o que deverá ser comunicado nesta etapa, basta que reflita sobre os motivos que levaram os organizadores do evento a convidar aquele orador para tratar daquele assunto.

Poderá dizer, por exemplo, que a maioria das pessoas presentes tem filhos e provavelmente imagina que eles estão a salvo das drogas. Uma estatística alarmante, entretanto, acaba de ser divulgada, demonstrando que mais de 25% dos jovens estudantes recorreram a elas. O que devemos fazer para que esse problema não chegue até nossos lares?

3. Fale sobre o orador

Nesta etapa será suficiente falar da sua satisfação em apresentar o orador (às vezes, essa informação pode ser transmitida logo no início) e ler o currículo dele. É sempre simpático dizer que se trata de um resumo das qualificações do orador, e nunca, em nenhuma hipótese, diga que foi ele quem forneceu o currículo.

Destaque especialmente as informações sobre o orador pertinentes ao tema que será tratado. Assim, serão atingidos os objetivos da apresentação: despertar interesse no auditório, fortalecer a credibilidade e a autoridade do orador e deixá-lo à vontade no ambiente.

Os dados sobre o orador poderão ser lidos, para evitar incorreções.

4. Convide o orador para falar

Finalmente chegou o momento de passar a palavra ao orador.

Ao convidá-lo para ir à tribuna, você deverá dizer mais uma vez qual é o tema e pronunciar o nome dele com entusiasmo. Por exemplo, poderá dizer: "E, para falar sobre o controle do uso das drogas, é com prazer que recebemos o Dr. Francisco de Carvalho Filho".

Como apresentador, dê o exemplo iniciando os aplausos, permaneça na tribuna até a chegada do orador e, ao sentar-se, mais uma vez tenha um comportamento exemplar, olhando na direção dele.

Como entregar um prêmio

Modelo simplificado

* aluda à ocasião;
* faça um rápido histórico da entidade que oferece o prêmio e comente por que ele foi instituído;
* destaque as qualidades do agraciado;
* use uma frase motivadora e entregue o prêmio.

Orientação detalhada

1. Aluda à ocasião

Na entrega de um prêmio, o público em geral está preparado e motivado para o evento.

É evidente que, se houver algum fato que possa produzir maior impacto ou aumentar o interesse da plateia, ele deverá ser mencionado, mas um rápido comentário sobre o motivo da presença das pessoas, aludindo à circunstância, pode ser suficiente para o início desse tipo de apresentação.

2. Faça um rápido histórico da entidade que oferece o prêmio e comente por que ele foi instituído

Na segunda parte, poderá fazer um histórico contando como nasceu a entidade, quais seus objetivos e suas realizações.

Se a plateia for constituída de sócios da entidade ou de pessoas habituadas a ela, os comentários históricos deverão ser superficiais e sempre com o cuidado de avisar que sabe que os ouvintes conhecem a informação: "Como é do conhecimento de todos"; "Como todos nós sabemos".

Em seguida, poderá dizer em que momento e por que o prêmio foi instituído. Por exemplo: "Em 2002, quando inauguramos a nova sede, que foi o coroamento de todos os esforços empreendidos até então, o nosso fundador, Dr. Carlos Alberto Junqueira, resolveu instituir o Prêmio Criatividade Técnica para incentivar a iniciativa de novas descobertas no setor da engenharia mecânica".

Poderá ainda, nesta parte da apresentação, comentar como são escolhidos os merecedores do prêmio.

3. Destaque as qualidades do agraciado

Nesse momento, poderá descrever as qualidades do agraciado, destacando principalmente as etapas mais significativas da atividade que serviu de motivo para a homenagem.

É preciso que você, como responsável pela entrega de um prêmio a uma pessoa, tenha informações a respeito dela para poder falar sobre suas qualidades. Supondo, entretanto, que em uma determinada circunstância você tenha de fazer a entrega de um prêmio a uma pessoa que não conheça, com certeza não elogiaria o agraciado, inventando qualidades que ele talvez não possuísse. Uma saída para situações semelhantes é falar que alguém, para receber um prêmio como aquele, deve ter tais e tais qualidades, ou seja, restringir-se apenas àquelas consideradas para a sua atribuição. Assim, elogiando sem se comprometer, poderá desincumbir-se da sua tarefa.

4. Use uma frase motivadora e entregue o prêmio

Você poderá dizer que deseja que o agraciado continue conquistando novas vitórias, recebendo outros prêmios, que sirva de exemplo para outras pessoas se empenharem, com a mesma dedicação, em suas atividades. E, então, entregue o prêmio.

Acredito que tenha ficado claro que as regras e as orientações servem apenas como ajuda para que alguém possa falar melhor, nunca para impor limites, restringir o potencial de comunicação ou comprometer a naturalidade.

Esses modelos de falas circunstanciais devem seguir a mesma filosofia. Existe uma infinidade de formas que podem ser usadas em cada caso e que apresentam excelentes resultados. Aprenda com as sugestões fornecidas, mas procure sempre criar seus próprios modelos.

Outra história para encerrar

Enquanto eu discorria sobre as técnicas para apresentação de oradores, fiquei tentado a contar uma história verdadeira que ocorreu comigo; só não o fiz para não interromper a sequência do capítulo. Mas agora, no final, vale a pena relatar esse fato.

Quando publiquei o livro *Técnicas e segredos para falar bem*, pelo IOB, como atividade de lançamento, fiz palestras em todas as capitais do país. A primeira delas foi no Rio de Janeiro. Chegando ao local da palestra, como sempre faço, verifiquei se todos os detalhes haviam sido preparados de acordo com as necessidades da apresentação: equipamentos, fios de extensão, voltagem da eletricidade, posição da tela, tipo de microfone, enfim, se o auditório estava pronto para ser usado. Testei o som, o aparelho de projeção, e andei sobre o palco para observar até que ponto poderia locomover-me sem atrapalhar a visão da plateia quando os visuais fossem projetados. Tudo em ordem, nada fora do lugar.

Último item: quem fará minha apresentação? O responsável pelo evento disse que tudo havia sido providenciado e que um importante político já estava com meu currículo, só aguardando o início do evento.

Para minha desgraça, esse tal político não tinha a mínima ideia de quem eu era e qual seria o assunto da minha palestra. Resolvera aceitar a tarefa de me apresentar apenas para poder falar e aparecer diante daquela plateia lotada, com quase mil pessoas. Não acertou nada. Disse que a palestra seria sobre motivação e que o grande palestrante, conhecido em todo o território nacional (exceto por ele, que não sabia sequer onde estava a ponta do próprio nariz), era o Professor Alfredo Hipólito.

189

Lógico que a vontade era iniciar a palestra dizendo que Alfredo Hipólito era a avó dele, mas essa atitude deve ser reprimida com todas as forças. Nada de brigar com o apresentador que mete os pés pelas mãos e troca o tema da palestra ou o nome do palestrante. De maneira geral, ele faz parte daquela comunidade e, se foi encarregado da sua apresentação, provavelmente tem representatividade no grupo. Por isso, nada de confusão com ele. Lembre-se de que o desconforto nesses episódios é seu e de que a plateia, embora possa achar estranha a apresentação que foi feita, na realidade está ali para ouvir sua palestra.

Bem, no meu caso, veja como agi para resolver a história do Alfredo Hipólito.

Agradeci as palavras ao apresentador e fiz um elogio sincero à voz bonita que ele tinha. Realmente era uma voz de barítono, sonora e bastante melodiosa. Depois, ainda sendo verdadeiro, disse que havia poucas semanas, ao fazer uma palestra em Recife, o organizador do evento me confidenciara que, ao receber o programa e ler o meu nome, não se cansava de dizer para si mesmo: "Polito, Polito, eta nominho esquisito. Mas, por ser estranho, jamais irei me esquecer do nome desse palestrante, Reinaldo Polito". Deu certo. Fiz o comentário a respeito do sobrenome e, de passagem, corrigi também o nome. E sem constrangimentos pude fazer a minha palestra.

Capítulo 11

Como falar com a imprensa

Cada vez mais os advogados concedem entrevistas para emissoras de rádio e de televisão, para jornais, revistas e portais da internet. São convidados para esclarecer dúvidas sobre mudanças na legislação, orientar sobre assuntos específicos do Direito, comentar sobre causas em que estejam envolvidos ou causas de outros advogados que chamam a atenção da imprensa. Essas entrevistas são excelentes oportunidades para que o profissional do Direito se torne mais conhecido e faça sua propaganda pessoal. Além desse benefício, pode ser também um meio de sensibilizar a opinião pública para que se torne favorável, ou não se coloque contra uma causa que esteja defendendo.

Este capítulo tem por objetivo orientar os advogados sobre como deverão se comportar para que suas entrevistas sejam eficientes.

O início é difícil para quase todos

Já concedi incontáveis entrevistas para praticamente todos os órgãos de imprensa importantes do Brasil, incluindo jornais, revistas, emissoras de rádio, de televisão e internet. Em algumas circunstâncias, para promover as palestras que vou ministrar nos mais diferentes cantos do país, chego a dar mais de dez entrevistas em um único dia. Mas, da saia justa em que me meti na minha primeira experiência, jamais me esquecerei. Eu estava apenas iniciando minhas atividades como professor de oratória e — hoje posso confessar —, sendo apenas um garoto com pouco mais de 20 anos, às vezes tinha mais receio de me apresentar do que os alunos que me procuravam. Uma pessoa conhecida tinha um programa diário em uma emissora de rádio de São Paulo e me convidou para uma entrevista. Com tempo de estrada próximo de zero, eu, embora lesse muito sobre o assunto, ainda não havia passado por essa situação. Na noite anterior eu estava muito ansioso e consumi horas treinando respostas para as perguntas que ela pudesse me fazer. Havíamos marcado a gravação para as nove da manhã, mas antes das oito eu já estava perambulando pelo bairro próximo da emissora. A apresentadora nem sonhava que aquela era a minha primeira vez falando em uma emissora e, por me conhecer, talvez querendo causar boa impressão, caprichou na entrevista, caprichou tanto que não fez uma única pergunta semelhante àquelas que eu havia exercitado. A situação era muito constrangedora, pois, além de eu ser inexperiente, ainda precisava manter a pose diante daquela pessoa conhecida, que estava toda orgulhosa mostrando sua competência. Durante todo o tempo procurava me mostrar tranquilo, com aquele sorriso amarelo e tentando, sem sucesso, prestar atenção na minha própria voz. Depois de ouvir a entrevista, tive a sensação de que aquela foi uma conversa de malucos, já que quase metade das perguntas que ela me fez foi respondida como se o assunto fosse outro, completamente distinto. Concluí que, por estarmos os dois muito nervosos, ela se preocupou tanto em perguntar que se desligou das minhas respostas, e eu me preocupei tanto em responder que não ouvi bem as perguntas. Como nunca ninguém me procurou para fazer comentários a respeito, creditei o fato na conta do aprendizado e nunca mais me esqueci daquela manhã. Não me lembro das perguntas nem das respostas, mas jamais me esquecerei do meu nervosismo e da minha insegurança. Hoje, quando preparo alunos para dar entrevistas e eles revelam que estão nervosos por causa da falta de experiência, sei exatamente o que estão dizendo. Posso, assim, dar toda a orientação técnica de que precisam e mais a solidariedade e compreensão de um companheiro que já percorreu os mesmos caminhos.

Minhas sugestões são bastante simples: ao dar uma entrevista, procure conversar com o entrevistador com a maior naturalidade que puder, como se não estivesse sendo entrevistado. Você ficará muito satisfeito com o resultado.

Embora essa tenha sido a experiência de um marinheiro de primeira viagem, e mesmo sabendo que, com muita prática, outras situações embaraçosas possam surgir, de maneira geral a vida de um entrevistado não é tão complicada.

Nos cursos sobre como falar com a imprensa que tenho ministrado a empresários, executivos, políticos e profissionais liberais, incluindo aí os advogados, costumo ouvir duas reclamações muito comuns:

1) "Os jornais publicaram informações diferentes daquelas que forneci na entrevista";

2) "Falei quase duas horas com o repórter e, quando li a matéria, só encontrei uma frase publicada", ou "depois da edição, levaram ao ar apenas alguns segundos da entrevista".

A dúvida de quem enfrentou situações semelhantes é se deveria evitar a imprensa ou prosseguir dando entrevistas. Por pior que tenha sido a experiência, é sempre preferível enfrentá-la a fugir dela.

Como advogado, você sabe que, mesmo existindo o risco de que o resultado da sua entrevista não o favoreça, é muito melhor tomar a iniciativa de fornecer as informações de acordo com sua ótica e sua verdade, reforçadas com as provas que possa mostrar, do que ficar dependente apenas da versão apresentada por terceiros a seu respeito ou a respeito do seu cliente.

É preciso se conscientizar também de que uma matéria não é elaborada para fazer a sua propaganda, e a única forma de ver veiculado exatamente o que deseja é pagando um anúncio.

Embora seja natural que você deseje ver todas as suas palavras publicadas nas páginas de um jornal, de uma revista, ou transmitidas na programação da emissora de rádio ou TV, nem sempre isso ocorrerá. Se apenas uma frase for aproveitada, encare o fato como uma conquista. Afinal, é a sua frase, não a de outro advogado concorrente. Você foi lembrado e, de alguma maneira, marcou presença.

Se você mantiver um bom relacionamento com a imprensa e aprender a se conduzir de maneira correta durante as entrevistas, suas chances de ser bem-sucedido vão se ampliar consideravelmente.

O jornalista deseja apenas fazer bem o seu trabalho

Salvo algumas exceções, como ocorre em todas as atividades, ao entrevistar, o jornalista não tem intenção de prejudicar ou de favorecer o entrevistado. Se ele o procurou, é porque imagina que você tenha alguma informação relevante. Talvez você seja o advogado que domina uma área que se transformou no foco de importante tema, e a entrevista se circunscreva praticamente à conversa que tiverem.

Pode ocorrer também que você seja um especialista em determinado assunto e ele deseje colher subsídios para completar as informações que possui — ou obter aval de sua autoridade para dar mais credibilidade à matéria que já está pronta, ou para contrapor uma opinião de um outro especialista e evitar que apenas um ponto de vista seja considerado. Portanto, a não ser que o assunto seja muito grave e você esteja no olho do furacão, uma entrevista não deve ser motivo de preocupação. Ao contrário, precisa ser vista como uma ótima oportunidade para valorizar e projetar sua imagem como advogado ou a imagem do escritório que esteja representando.

Não caia na armadilha de pensar que, ao se fazer de difícil, irá impressionar bem o jornalista. Algumas pessoas, para se mostrar ocupadas e importantes, dizem que estão muito atarefadas, com a agenda lotada e não atendem prontamente o jornalista. Essa atitude não passa de uma demonstração de ingenuidade. Quanto mais rapidamente você puder atendê-lo, melhor. Independentemente de ser um profissional da imprensa escrita ou falada, provavelmente ele estará correndo para completar a matéria e, se você o receber logo, ampliará as chances de suas declarações serem incluídas na reportagem. Não significa que, ao estar pronto e logo à disposição do jornalista, as informações sejam necessariamente favoráveis a você, mas que será mais simpático, será.

Portanto, de maneira geral, as entrevistas se desenvolvem de forma natural e num clima de bastante tranquilidade. Você falando sobre o que conhece e tendo a chance de projetar bem sua imagem, e o jornalista colhendo as informações de que precisa para se desincumbir de suas tarefas.

Receba bem o jornalista

Quando um repórter o procura para uma entrevista, estará ali para desempenhar o seu trabalho e procurará executá-lo independentemente do tratamento que receber.

O fato de o tratar gentilmente, como mencionei há pouco, não impedirá que ele publique o que conseguir apurar, mas, se ele for bem recebido e tiver boas condições de trabalho, a matéria poderá ser mais benevolente do que se tiver sido hostilizado. Para tratar bem um jornalista, ninguém deve se transformar em um adulador nem oferecer presentes com o objetivo de sensibilizá-lo. Ao contrário, esse comportamento poderá ser ofensivo e tornar-se uma fonte de suspeitas.

Instale-o em uma sala confortável, com privacidade para trabalhar tranquilamente, e, como provavelmente você faz com todos aqueles que o visitam, ofereça água e café, inclusive para a equipe que o acompanha.

Se forem jornalistas de rádio e televisão, providencie um local com tomadas, para que possam ligar seus aparelhos.

Se, por algum motivo, não puder dar a entrevista devido a uma recomendação do sócio do escritório, por exemplo, atenda o jornalista mesmo assim e procure esclarecer por que não poderá falar sobre o assunto.

Quando um repórter telefonar querendo uma entrevista, atenda-o, descubra qual o objetivo da matéria e, se for preciso, peça alguns instantes para responder. Durante esse tempo, poderá refletir sobre as conveniências de recebê-lo e consultar outros advogados envolvidos no assunto ou os sócios do escritório, para ver se existe alguma objeção a que você fale.

Retorne a ligação o mais rápido que puder e, caso não seja possível recebê-lo, procure explicar os motivos.

Jornalistas em geral trabalham pressionados pelo tempo e, quanto antes puderem falar com o entrevistado, melhor.

Você poderá sugerir ao jornalista que assista a filmes institucionais do seu escritório. Ou, se for advogado de uma empresa, que ele conheça os produtos ou a história da organização, ou, ainda, as instalações e o funcionamento das máquinas. Afinal, talvez seja uma excelente oportunidade de divulgar os negócios da companhia. Entretanto, não fique insistindo ou forçando a situação para que isso ocorra. Possivelmente ele o verá como um chato, pois essas atividades não programadas tomam tempo e, se não estiverem relacionadas com a matéria em pauta, talvez não lhe despertem nenhum interesse.

Por falar em tempo, lembre-se: seja pontual. Se for se atrasar, informe com antecedência, sempre que possível.

Capítulo 12

Como falar com jornalistas da imprensa escrita

Como as características do repórter de jornal e de revista são semelhantes, as orientações poderão ser aplicadas em ambos os casos.

Prepare as informações com antecedência

Depois de saber qual será o conteúdo da matéria e os objetivos do jornalista, prepare-se com todas as informações relacionadas direta ou indiretamente com o tema. Se quiser oferecer algum material para que ele possa consultar depois, providencie as cópias e assinale os dados que gostaria que ele lesse. Entretanto, não deixe de falar sobre uma questão só porque ele terá material para consulta. O que interessa ao jornalista são as suas palavras. Se ele quisesse apenas ler, provavelmente não iria entrevistá-lo.

Caso você possua algum tipo de assessoria externa ou da própria organização, deixe-a preparada para auxiliá-lo. Evite, porém, que outras pessoas permaneçam desnecessariamente na sala durante a entrevista.

Converse naturalmente

Muitas pessoas ficam nervosas com a presença dos jornalistas e mudam seu comportamento, passando a falar de maneira artificial e, geralmente, com mais rapidez.

Essa forma de falar costuma se repetir nas primeiras quatro ou cinco entrevistas. Outras pessoas, porém, por falta de observação ou por não terem quem as oriente, vão além e continuam apresentando os mesmos defeitos por muito tempo.

Para corrigir essa falha, a sugestão é que você grave as entrevistas e depois, sozinho, responda a algumas das perguntas, falando com mais cadência, sem correria. Com esses exercícios, os erros que provavelmente permaneceriam nas futuras entrevistas poderão ser eliminados com antecedência.

Se a entrevista for feita por telefone (cada vez mais utilizado, por economia de tempo e dinheiro), o cuidado deve ser redobrado, pois você não estará vendo o entrevistador para analisar suas reações e saber se ele o compreende bem.

Fale com entusiasmo, envolva e até ajude o jornalista

Mesmo desenvolvendo sua profissão com o maior rigor técnico possível, o jornalista também é um ser humano e, na maioria das vezes, com elevado grau de sensibilidade. Se você demonstrar que está envolvido e interessado na mensagem que transmite, talvez consiga motivá-lo a conceder mais espaço a suas informações.

Há casos em que o jornalista se impressiona tanto com o entusiasmo do entrevistado que chega a sugerir mudanças na pauta da matéria, e aquele que deveria aparecer em apenas uma ou duas frases se transforma no carro-chefe da notícia, com fotos publicadas e chamadas na capa. Por outro lado, cuidado para não exagerar, pois ele poderia interpretar esse comportamento como uma artimanha para conquistá-lo.

Em outras situações você poderá envolvê-lo para que se sinta mais participativo e comprometido com o assunto. Chamo a atenção para esse fato porque nem sempre o jornalista está envolvido com os aspectos da matéria que mais interessam a você. Por isso, se desejar que ele compreenda melhor algum ponto específico do tema, procure fazer com que participe e sinta na própria pele o que você está pretendendo informar.

Quando o jornalista Humberto Werneck me entrevistou para a revista *Playboy*, fez um trabalho investigativo excepcional. Conversou com cerca de vinte pessoas do meu relacionamento, desde ex-alunos, professores, amigos, parentes, e traçou um perfil completo da minha carreira profissional. Entretanto, senti que o benefício dos meus alunos, que era vencer a timidez para falar e sair daquele estado de desconforto que a maioria das pessoas sente quando precisa falar em público, não estava sendo levado em conta da maneira mais apropriada. Assim, aproveitei um dia em que Werneck compareceu para checar algumas informações e que a escola estava lotada e pedi que fosse até a tribuna para que ele dissesse algumas palavras diante da plateia. O jornalista se apresentou e se saiu muito bem, mas me confessou depois que sua matéria havia sofrido profunda alteração depois daquela experiência, pois naquele momento soube exatamente o que as pessoas que procuravam meu curso sentiam. Foi a melhor matéria já feita sobre o meu trabalho, porque, provavelmente, o jornalista sentiu na própria pele as informações que transmitiu aos leitores.

Nada impede também que você auxilie o profissional a reordenar o rumo de uma pauta que não possa ser cumprida. Assim, se puder, ajude-o a perceber outros ângulos do assunto. A produção do programa *Fantástico*, da Rede Globo de televisão, me procurou para fazer uma matéria sobre timidez. Pediram para entrevistar alguns alunos e tomar alguns depoimentos. Concordei, desde que os alunos não fizessem objeções. Marcamos um dia de aula para que pudessem conversar com vários deles. Montaram a parafernália toda, com luzes fortes, microfone, câmera e demais apetrechos que inibem até as pessoas mais experientes. No nosso auditório repleto de alunos começaram as entrevistas. A repórter pediu que um japonesinho, com cara de quieto e tímido, fosse até a tribuna para falar sobre tecnologia, e ele falou com tanta desenvoltura que parecia ter trazido o assunto pronto de casa. Em seguida ela convocou outro aluno para falar de amor e o resultado foi ainda melhor, e assim sucessivamente — um se apresentando com mais eficiência que os demais. Depois de meia dúzia de apresentações de excelente qualidade, impotente, ela se voltou para mim dizendo: "Mas aqui não há ninguém tímido?". Eu, orgulhoso, respondi sorridente: "Havia, mas não se esqueça de que eles estão concluindo o curso e, portanto, já estão falando com muito mais segurança e desenvoltura". Sugeri a ela que mudasse o enfoque da matéria e falasse sobre a possibilidade que as pessoas têm de superar suas inseguranças para falar em público. A matéria foi emocionante, com alguns alunos brincando nos depoimentos que deram. Um deles disse que a vida inteira a família sempre perguntava a mesma coisa: quando ele iria se casar. Por isso, queria aproveitar agora, que já não sentia tanta timidez, para dizer na frente das câmeras que a família ficasse tranquila, porque, com a confiança que havia adquirido para falar, facilmente conquistaria a namorada dos seus sonhos. Com certeza essa mudança na forma de abordar o tema tornou a matéria muito mais interessante.

Só fale o que desejar ver publicado

O jornalista experiente sabe como ninguém utilizar-se de forma nem sempre explícita ou de pressão para se aproveitar da ingenuidade ou da vaidade do entrevistado.

Um de nossos alunos estava revoltado porque o repórter revelou que a sua empresa tinha planos para demitir quinhentos empregados nos próximos seis meses. Alegava que não dera esse tipo de informação durante a entrevista.

Depois que insisti várias vezes, tentando descobrir se ele não tinha dado nenhum indício ao jornalista de que as demissões ocorreriam, acabou confessando que, após ter encerrado a entrevista sobre os planos de lançamento de um novo produto, dissera, em uma conversa informal, que a empresa havia sido apanhada pela recessão do setor, e tudo indicava que fechariam o balanço com grande prejuízo.

Disse ainda que o jornalista, tomando descontraidamente seu cafezinho, com sorriso amigo nos lábios e tom de voz amável, afirmara: "Numa situação como essa, por mais que doa, infelizmente o empresário, que tem a responsabilidade de manter a saúde dos seus negócios, precisa cortar parte do pessoal, talvez uns 30%, até para que os outros funcionários possam ser preservados". A essa observação o empresário respondera: "É verdade. Mas, se uma empresa for bem administrada e souber cortar outros custos, talvez não passe de 20%". O repórter, compreensivo, complementara: "Mas uma empresa, por mais bem administrada que seja, leva de três a quatro meses para colocar em prática uma política como essa". E o empresário: "Acho que um pouco mais. Ninguém desmonta uma estrutura de pessoal sem traumas com menos de seis meses".

O nosso aluno, embora não percebesse, estava dando, naquele momento, as informações de que o repórter necessitava para sua matéria. Sabendo que a empresa tinha dois mil e quinhentos funcionários, foi simples chegar à conclusão.

Outro exemplo semelhante ocorreu quando a revista *Isto É* resolveu entrevistar os alunos da nossa escola para verificar quem teria interesse em se candidatar a algum cargo político depois de concluído o curso. O jornalista fez as entrevistas todas que desejava e, durante o cafezinho, quando todos imaginavam que seu trabalho estava terminado, como quem não quisesse nada foi conversando sobre amenidades com os alunos, e um deles, ingenuamente, revelou que na cidade do interior de Goiás em que ele estava se candidatando ao cargo de prefeito era preciso tomar muito cuidado, pois lá até crianças e defuntos votavam. Não deu outra; a chamada para aquela entrevista trazia a foto do aluno com o seguinte comentário: "Para fulano de tal, na cidade em que é candidato até crianças e defuntos votam". Ele tentou reclamar, mas acabou reconhecendo que havia mesmo passado aquela informação e que fora muito ingênuo por não ter percebido que estava diante de um jornalista em busca de notícias.

O jornalista também sabe que as pessoas, de maneira geral, se sentem envaidecidas pela oportunidade de serem entrevistadas e usa esse fator para receber as informações que deseja.

Quando eu soube que seria entrevistado para as páginas amarelas da revista *Veja*, não acreditei. Pensei que fosse um trote, tanto que liguei para a redação para confirmar. Ser entrevistado nas páginas amarelas da *Veja* deve ser o sonho de muitos brasileiros, pois é uma espécie de coroamento profissional. Naquela mesma semana recebi a jornalista para a entrevista, e a primeira pergunta que ela me fez foi quanto eu ganhava por mês. Entre chocado, perplexo e incrédulo, eu lhe disse que essa não era uma questão que deveria ser tratada. Sabendo que eu estava com muita vontade de dar a entrevista, ela jogou com minha vaidade e disse: "Então não será possível fazer a entrevista". Fiquei contrariado, mas sabendo que se alguém não deseja ver uma informação publicada não deve mencioná-la, confirmei: "Sinto muito, mas se depender desta informação para que a entrevista seja feita, ela não será realizada". Ela olhou firme para mim e tentou mais um golpe: "Nesse caso, vou inventar um número e dizer que você o revelou". Sem a menor preocupação, eu a contestei: "Tenho certeza de que você não fará isso". E ela reagiu: "Como você sabe que não?". Minha resposta foi definitiva: "Você trabalha para a revista *Veja*, e tenho convicção de que ela não se presta a esse tipo de publicação". A jornalista sorriu, esqueceu o assunto e fez a matéria, que por sinal foi excelente, mesmo sem a informação que ela tentou descobrir usando minha vaidade. Se eu tivesse informado aquele dado, não poderia reclamar depois por ela o ter publicado.

Portanto, se não desejar que uma informação seja publicada, não revele o fato ao repórter. Nem na entrevista, nem durante o cafezinho, tampouco na despedida.

Atenção: se ele tiver a informação de outras fontes, será melhor dar a sua versão dos fatos.

Tenha cuidado com as informações em *off*

Se você conhece muito bem o jornalista e está convicto de que, devido aos longos anos de relacionamento, tem condições de confiar nele, poderá passar uma informação em *off*, isto é, sem ser identificado. Se persistir alguma dúvida e você suspeitar de que, pela importância da notícia, o interesse profissional do repórter falará mais alto que a amizade, prefira manter a sua carreira e sua reputação, e não fale.

Informações sem identificação da fonte exigem confiança recíproca. Do jornalista, que acreditará na veracidade dos dados, e do entrevistado, que contará com o sigilo do profissional.

Tenha em mente também que o jornalista "poderá" guardar segredo da fonte, e talvez até o faça, mas você, como advogado, tem "obrigação" de guardar segredo. Por isso, seja cauteloso e evite problemas para a sua carreira.

Atenção: nunca seja ingênuo a ponto de passar uma informação em *off* em uma entrevista coletiva.

Fique atento

De nada adiantaria você se entusiasmar por um assunto se ele não interessar ao repórter. Consumiria boa parte da entrevista falando sobre informações que não seriam publicadas.

Observe se o jornalista está anotando suas palavras ou reforçando a linha de raciocínio com perguntas e observações. Se perceber qualquer desinteresse, procure dirigir melhor sua mensagem para o tema da matéria ou pare de falar e aguarde que ele faça a próxima pergunta.

Outros indicadores do desinteresse do repórter pelas palavras do entrevistado são os olhos vidrados, absortos nos próprios pensamentos, e o tamborilar dos dedos, que demonstram impaciência ou ansiedade.

Não invente respostas

Se não souber responder a uma pergunta, jamais invente respostas. Comprometa-se a fazer pesquisa sobre o problema levantado e informar a solução em seguida. E nunca se esqueça de realmente cumprir o que prometeu, pois sua credibilidade poderá depender de atitudes como essa.

De maneira geral, também não indique outras fontes que poderiam dar a resposta que você não conhece. Procure, sempre que possível, tomar essa tarefa para si. Consulte a fonte e passe você a informação ao jornalista. Com essa atitude, você poderá aos poucos ir se transformando em uma fonte confiável e quem sabe até servir de referência sobre o assunto de sua especialidade.

Escolha bem a roupa

Você deve estar pensando assim: acho que o Professor Polito se enganou. Por que alguém deveria se preocupar com o tipo de roupa que usará em uma entrevista com repórter da imprensa escrita?

Lembre-se de que é possível a matéria ser ilustrada com fotografias. Vista-se com roupas que estejam de acordo com a profissão de advogado.

O fotógrafo tem experiência para sugerir o melhor ângulo de posicionamento e o tipo de fundo que se adaptaria melhor como cenário. Se as fotos forem tiradas enquanto você está falando, tente se comportar com a maior naturalidade possível. Nada de ficar fazendo poses ou olhando de rabo de olho para a câmera.

Atenção: por maior que seja a experiência do fotógrafo, de vez em quando aparece um querendo revelar toda a veia criativa e pede ao entrevistado que faça umas poses esquisitas. Cuidado, porque, se você se submeter a esses caprichos artísticos, depois poderá ficar rezando para não ver sua foto publicada.

Não aborreça o repórter depois da entrevista

Algumas atitudes, além de inúteis, são deselegantes e devem ser evitadas.

Não peça ao jornalista para deixá-lo ler a matéria antes que ela seja publicada. Ele não concordará e poderá se ofender com essa demonstração de falta de confiança.

Em alguns casos, quando o assunto é excessivamente técnico e fora do campo de conhecimento do repórter, ele mesmo poderá pedir que o entrevistado faça uma revisão para verificar incorreções.

Uma dica: se o assunto for muito delicado e você estiver com receio de que o jornalista altere as informações, fato de certa forma comum nas atividades de um advogado, peça licença para gravar a entrevista e diga que será para o seu arquivo pessoal. Sabendo que você tem a gravação, ele poderá ser mais cauteloso.

Se você for principiante em entrevistas, é provável que fique ansioso e comece a se precipitar. Nesse caso, aqui vão alguns conselhos básicos: não telefone para perguntar quantas linhas terá a matéria ou se haverá fotografias. Embora seja apenas uma atitude provocada pela ansiedade, poderá parecer uma forma de pressão. Também não ligue para pedir cópias das fotografias que foram tiradas. Caso tenha interesse nelas, dirija-se ao banco de dados do jornal ou da revista onde esse tipo de material é comercializado e compre-as.

Capítulo 13
Como falar no rádio

Fale no rádio como se estivesse conversando com apenas uma pessoa.

Um programa pode ter audiência de milhares ou até de milhões de pessoas, mas cada um dos ouvintes recebe a mensagem como se fosse dirigida apenas para ele. Por isso, quanto mais natural, espontânea e viva for a comunicação no rádio, mais eficiente ela será.

Em entrevistas gravadas ou ao vivo, você poderá responder a perguntas de apenas um entrevistador ou participar de um debate com um grupo de outros advogados, ou de profissionais de outras atividades; poderá ainda dar entrevistas por telefone ou receber a visita de um repórter. Em qualquer circunstância, sua fala deve ser pausada, com boa pronúncia das palavras, inflexão de voz que interprete bem a mensagem e ritmo que mantenha o interesse dos ouvintes.

As respostas, em uma entrevista no rádio, devem ser curtas e objetivas devido ao tempo, geralmente escasso, dentro de uma programação e à rotatividade da audiência. Um ouvinte que se locomove com seu carro no meio do trânsito ou que se ocupa dos afazeres domésticos em casa nem sempre tem tempo para ouvir uma resposta longa, elaborada, com raciocínio complexo.

O ouvinte de rádio, diferentemente do que acontece com os telespectadores e os leitores de jornal ou revista, consegue acompanhar a programação ao mesmo tempo que desenvolve outras atividades, como dirigir um automóvel, preparar um almoço ou pôr ordem na casa. Por isso, respostas rápidas e objetivas possibilitarão que a mensagem seja totalmente ouvida.

Veja algumas sugestões para que você possa dar uma boa entrevista no rádio:

* prepare-se para a entrevista;
* não perca tempo com cumprimentos e agradecimentos demorados;
* ouça com atenção as perguntas;
* evite dar opiniões comprometedoras;
* revele seu interesse pelo bem-estar social;
* aborde a questão pelo lado positivo.

Prepare-se para a entrevista

Ao receber convite para uma entrevista no rádio, descubra qual será o assunto abordado e prepare o material que poderá servir como fonte de consulta, como livros ou ficha de anotações. No estúdio ou no seu escritório, será possível ler frases, estatísticas, depoimentos e qualquer outra informação com tranquilidade. Se recorrer à leitura, faça-o como se estivesse falando de improviso, sem que os ouvintes percebam que está se valendo de um texto escrito.

Embora você possa contar também com a ajuda do computador para fazer pesquisa sobre questões que estejam sendo levantadas, tome muito cuidado com o uso desse recurso, pois ele pode comprometer sua concentração (na maioria das vezes, mais atrapalha do que ajuda).

Não perca tempo com cumprimentos e agradecimentos demorados

O rádio é dinâmico, pronto e dispensa recursos de aproximação em geral utilizados em outras circunstâncias. Se o entrevistador cumprimentá-lo, responda apenas com "bom-dia", "boa-tarde" ou "boa-noite". Evite demoradas saudações e os desnecessários agradecimentos, como: "É um enorme prazer vir a este seu conceituado programa, e aproveito a oportunidade para cumprimentar os ouvintes que nos honram com sua audiência".

Seja direto, simples e objetivo.

Ouça com atenção as perguntas

Não atropele o entrevistador, iniciando as respostas antes que ele tenha terminado de formular a questão. Primeiro, porque, se os dois falarem ao mesmo tempo, a comunicação ficará incompreensível; depois, se ouvir apenas parte da pergunta, na suposição de que saberá como ela será concluída, correrá o risco de se enganar e responder com informações que não estejam relacionadas com o que seria perguntado. Além disso, se começar a interromper o entrevistador falando antes que ele termine de perguntar, os ouvintes poderão vê-lo como uma pessoa ansiosa, insegura, impaciente e, dependendo da gravidade da situação, até como alguém mal-educado.

Evite dar opiniões comprometedoras

Se o repórter pedir sua opinião sobre um assunto que possa comprometê-lo de alguma forma, considere as seguintes sugestões:

Fale sobre a importância do assunto

Ao dizer que o assunto é importante, demonstrará que se interessa por ele e não está alheio aos acontecimentos. Entretanto, cuidado com determinados tipos de entrevista onde o entrevistador procura fazer o papel durão e contundente. Nesses casos, se você elogiar a pergunta dizendo que o assunto é importante, ele poderá se ofender, pois sua manifestação poderá dar a ideia de uma indesejável cumplicidade com ele.

Esclareça por que não pode dar sua opinião

Comente que as informações que tem em mãos sobre o assunto ainda são insuficientes para chegar a uma conclusão definitiva. Complemente dizendo que já pediu a seus assessores ou contratou uma empresa especializada para fazer todos os levantamentos e que, a partir da análise desses dados, estará em melhores condições de se pronunciar a respeito.

Se o repórter insistir em saber a sua opinião, mantenha-se firme, dizendo que a importância do assunto não permite conclusões com base em hipóteses ou dados parciais. Volte a dizer que só se pronunciará depois da avaliação de todas as informações.

Revele seu interesse pelo bem-estar social

Normalmente, os ouvintes não estarão interessados em admirar suas conquistas materiais, de poder ou suas demonstrações de vaidade. Eles estarão mais dispostos a conhecer seu interesse pelo bem-estar social.

Já diziam nossos antepassados que, enquanto a fortuna provoca a inveja, o idealismo desperta admiração.

Ao abordar uma questão, analise quais aspectos identificariam seu interesse pela coletividade e fale sobre eles. O proprietário de uma banca de advocacia, por exemplo, talvez não conquistasse a simpatia dos ouvintes se dissesse que montou o escritório apenas com o objetivo de ganhar dinheiro e enriquecer. Mesmo que o empreendimento proporcione esse tipo de benefício pessoal, outras informações ligadas ao bem-estar social poderiam ser apresentadas, para projetar uma imagem mais positiva perante a comunidade. Poderia dizer que, com o início das atividades do empreendimento, além de contribuir para uma sociedade mais justa, a empresa estaria contratando um grande contingente de advogados, com tantos empregos diretos, tantos indiretos, e trabalhando para a formação de profissionais mais bem preparados e competentes.

Da mesma forma, ainda que uma determinada causa possa lhe render excelentes honorários, numa entrevista esse dado jamais poderá ser mencionado. Deverá dizer que seu interesse pela causa que defende será sempre motivado pela justiça.

Observe que, analisando a questão pelo lado do bem-estar social, a comunicação poderá ser mais bem recebida.

Aborde a questão pelo lado positivo

Sempre será possível dar uma resposta a uma questão delicada sem se comprometer e sem demonstrar que está fugindo da pergunta.

Por exemplo, se o repórter perguntar a você, advogado responsável pelas causas trabalhistas, se a empresa tem ideia do prejuízo social provocado por todas aquelas demissões, como entrevistado você não poderia responder simplesmente: "Sim, a empresa sabe qual é o prejuízo social". Ou: "Não, ainda não avaliamos a dimensão desse prejuízo". A resposta poderia partir da análise de um programa que a empresa tem intenção de colocar em prática. Por exemplo: "A nossa empresa está concluindo um plano de diversificação da sua linha de produtos, que deverá entrar em funcionamento ainda este ano. A partir do início dessas operações, deveremos admitir tantos funcionários e possibilitar a ampliação de trabalho de novos fornecedores, o que resultará em mais tantos empregos indiretos".

Outro exemplo: vamos imaginar que um funcionário tenha sido atropelado no pátio do estacionamento por um veículo da própria empresa. Se o repórter perguntar como foi possível permitir que um veículo da empresa atropelasse um funcionário no pátio do estacionamento, você, como advogado, não poderia responder apenas: "É, foi um acidente lamentável" ou "Não sabemos como um acidente desse tipo pode ocorrer". A resposta deveria incluir todas as providências que a empresa tomou para proteger a vida dos seus funcionários. Seria possível responder mais ou menos assim: "Desde o início das atividades da nossa empresa, sempre tomamos todas as precauções para o bem-estar dos nossos funcionários. Todos trabalham com luvas, capacetes e óculos de segurança. Ministramos treinamentos periódicos para os operadores de máquinas e motoristas, tanto que nenhum deles dirige sem cinto de segurança. Além disso, pintamos com faixas indicativas de proteção toda a área de passagem de pedestres".

Se ele insistir na pergunta, aí, sim, poderá dizer que estão investigando para averiguar exatamente em que circunstâncias o fato ocorreu.

É evidente que todas essas informações só poderão ser fornecidas se forem verdadeiras.

Com o uso generalizado das mídias sociais, as emissoras de rádio costumam também divulgar sua programação pela internet. É como se você estivesse em um programa de televisão. Por isso, observe bem as orientações do próximo capítulo para saber como se comportar nessas entrevistas.

Capítulo 14

Como falar diante das câmeras de televisão

Também na televisão o segredo para se apresentar bem é a naturalidade. Fale diante das câmeras da mesma maneira como se estivesse conversando com os colegas advogados no seu escritório, ou com pessoas da família na sala de visitas da sua casa. E essa não é nenhuma imagem absurda, pois, de certa forma, esse fato estará ocorrendo na realidade: você entrará mesmo nos lares dos telespectadores.

Para que a sua comunicação seja bem recebida, precisará atentar para algumas recomendações:

- conheça o programa;
- situe-se depois de chegar à emissora;
- escolha a roupa conveniente para televisão;
- comunique-se com naturalidade diante das câmeras;
- mantenha o equilíbrio emocional;
- repita o que quiser destacar;
- prepare-se para encerrar;
- ensaie bastante.

Conheça o programa

Ao ser convidado para participar de um programa de televisão, procure conhecer tudo o que puder sobre ele.

Para saber como funciona, o ideal seria assistir a um deles, mas, se não for possível, poderá obter algumas informações que sejam muito relevantes fazendo perguntas a quem o está convidando. Observe que eu mencionei "informações relevantes", pois seria ridículo ficar perguntando como é a cadeira em que irá se sentar, qual a cor do cenário, que tipo de microfone irá utilizar. Embora essas informações sejam importantes para você, tanto que estão relacionadas abaixo, só seria conveniente obtê-las assistindo ao programa.

Algumas das informações mais importantes que você deverá obter sobre um programa, antes de se apresentar, são:

- quem é o entrevistador, qual o seu estilo e o tipo de tratamento que costuma dispensar aos convidados;
- quais as pessoas que costuma convidar;
- se a entrevista será individual ou se participará de um debate com outros convidados;
- se o programa é gravado ou ao vivo e em que dia e horário será levado ao ar;
- quais assuntos poderiam ser abordados, além daqueles relacionados com seu campo de conhecimento;
- se usará uma cadeira fixa, giratória, uma poltrona ou um sofá para sentar, ou se falará em pé;
- que tipo de microfone é usado no programa;
- como é o cenário e qual a cor predominante;
- quanto tempo cada entrevistado permanece no programa;
- quais são os ângulos de tomadas de imagem das câmeras;
- qual é o nível social e intelectual predominante da audiência.

Além dessas e outras informações específicas do programa, é importante saber, também, o nome, o número do telefone e o ramal do contato ou de quem o recepcionará na emissora. Saiba, ainda, o horário exato do início do programa e com que antecedência precisará chegar.

Situe-se depois de chegar à emissora

Chegando à emissora, procure manter contato com o entrevistador ou o responsável pela pauta do programa para se inteirar de qual será a linha adotada para a entrevista.

Se houver algum assunto que não gostaria de mencionar, sendo possível, peça-lhe para suprimi-lo das questões.

Dependendo da receptividade que encontrar, poderá sugerir que sejam incluídos tópicos que teria interesse em desenvolver. Uma boa forma de motivar o entrevistador a incluir informações sobre as quais deseja discorrer é salientar o interesse que despertam nas pessoas, em conversas, aulas ou palestras de que você tem participado.

Se você for principiante em apresentações pela televisão, aproveite os instantes que antecedem a entrevista para conhecer o cenário, observar como as pessoas costumam trabalhar com a iluminação, tomadas de câmera, acompanhamento de pauta, som e outros detalhes que possam atrair sua curiosidade. Faça todas essas verificações com antecedência para ter condições, na hora da entrevista, de se concentrar apenas na apresentação.

Conheça como funciona um estúdio de televisão antes da sua entrevista.

Se sugerirem que você seja maquiado, aceite. As emissoras geralmente contam com profissionais experientes, que poderão ajudá-lo a valorizar sua aparência no vídeo. Usam produtos que eliminam o brilho excessivo do rosto, as marcas escuras em volta dos olhos, os sinais de barba, as rugas e outros traços que, ampliados com a forte iluminação, captados com nitidez pelas lentes das câmeras, podem desfavorecê-lo.

Como nem sempre será possível se valer da ajuda de outras pessoas, providencie, com antecedência, um pente para ajeitar os cabelos. Procure acertar o nó da gravata, o lenço do pescoço e absorva o suor do rosto com um lenço antes de ir para a frente das câmeras. Não fique constrangido: ninguém julgará que está sendo vaidoso ou criticará essas atitudes. São comuns, e todos ali estão acostumados a elas.

Escolha a roupa conveniente para televisão

Algumas cores e padronagens de roupa são mais apropriadas para a televisão. Prefira cores lisas, que estejam próximas do azul, vinho, bege, cinza, dependendo do contraste e da harmonia que poderão produzir com os tons do cenário.

Evite roupas listradas, xadrez, com estampas pequenas e de cores berrantes ou chamativas, como o vermelho e o branco, que acabam sobrepujando a imagem da pessoa.

Evite usar acessórios brilhantes, como brincos, anéis e pulseiras, que reflitam a luz ou que sejam barulhentos, pois eles podem distrair a atenção dos telespectadores.

Também evite gravatas, lenços de cores berrantes ou estampas exageradas e meias curtas, que mostrem um pedaço da perna, para que não quebrem a harmonia do conjunto.

Dispense cuidado especial aos óculos, que são peças de importância fundamental para a comunicação do semblante diante das câmeras. As luzes fortes do estúdio de televisão se refletem ainda mais nas lentes dos óculos e podem prejudicar o contato visual. Use lentes claras, transparentes, antirreflexivas, sem aro, ou sustentadas por armação simples, fina e sem brilho.

Se o grau for reduzido e você puder falar sem óculos, valerá a pena tirá-los para fazer uma experiência. Também nesse caso, além das lentes antirreflexivas, as lentes de contato podem constituir uma boa alternativa.

Considere ainda que algumas pessoas usam óculos mais pesados de propósito, com intenção de construir um visual personalizado. Tudo vai depender sempre da personalidade e da forma de ser de cada um.

Comunique-se com naturalidade diante das câmeras

Posicione-se de maneira firme, sem rigidez e com elegância. Se fizer uso de uma cadeira, apoie naturalmente as costas no espaldar dela e, caso seja giratória, permaneça parado, sem se mover de um lado para o outro. Se tiver de usar uma poltrona ou um sofá macio, que dificultam o posicionamento, sente-se na parte da frente do assento, que, em geral, é mais rígida e permite melhor equilíbrio.

Siga as orientações dadas no tópico sobre como falar sentado, colocando os dois pés no chão ou cruzando as pernas.

A boa comunicação fisionômica é importante para que a apresentação seja eficiente diante das câmeras. Deixe o semblante arejado, demonstrando prazer por estar ali, e permita que a sua expressão facial trabalhe a seu favor. Mantenha a cabeça levantada, mas sem exagero, para não projetar uma imagem arrogante.

Se mantiver o microfone na mão, aproxime-o da boca para que possa captar bem a voz.

Caso participe de um programa em que a câmera fecha em você, isto é, focaliza apenas você em determinados momentos, quando o entrevistador estiver fazendo a pergunta, olhe na direção dele. Desde que não haja orientação contrária, ao respondê-la, comece a falar ainda olhando para ele e, depois das primeiras palavras, antes até de completar a frase, volte-se para a lente da câmera e continue como se estivesse conversando naturalmente com três ou quatro pessoas numa pequena reunião íntima. De vez em quando, retome o contato visual com o entrevistador, como se estivesse incluindo mais alguém na conversa com os telespectadores.

Olhe de 80 a 90% do tempo para a câmera e os restantes 10 a 20%, para o entrevistador.

Em alguns programas, na maior parte do tempo, a câmera capta a imagem dos dois, tanto do entrevistador como do entrevistado. Não ficaria bem, nessa circunstância, você, como entrevistado, falar com os olhos voltados para a câmera, enquanto esta mostrasse também o entrevistador conversando com você e olhando na sua direção. Num programa com essas características, você deve praticamente esquecer a presença da câmera e falar olhando na direção do entrevistador. Nesse caso, olhe de 80 a 90% do tempo para o entrevistador e o restante do tempo, para a câmera.

Quanto à maneira de falar, siga as mesmas orientações dadas para a comunicação no rádio. Fale com boa pronúncia das palavras, inflexão de voz que interprete bem a mensagem e ritmo agradável que mantenha o interesse dos telespectadores. Cuidado com a linguagem técnica, pois de maneira geral irá falar para uma maioria de leigos no campo do Direito.

À frente das câmeras, os gestos se ampliam e podem facilmente se tornar exagerados, por isso devem ser contidos, deixando por conta do semblante o trabalho mais importante da expressão corporal.

Lembre-se de falar com envolvimento e entusiasmo, mas sempre pausadamente, sem precipitação.

Se conceder uma entrevista coletiva cercado de vários microfones, procure trabalhar só com a expressão fisionômica, sem gestos, e fixe a comunicação visual nas câmeras à sua frente. Mesmo que cutuquem as suas costas ou o chamem de lado, permaneça firme nesse posicionamento para manter o controle da situação.

Mantenha o equilíbrio emocional

Participando de um debate com outros advogados ou profissionais de outras áreas, ou sendo entrevistado sozinho, não se mostre irritado com as perguntas ou ataques que receber. Continue falando de maneira firme, mas sem perder a calma e a tranquilidade. Esse comportamento conquistará a simpatia e a admiração dos telespectadores.

Se ficar muito evidente que o objetivo do entrevistador ou do adversário é agredi-lo, sorria antes de dar a resposta, demonstrando, assim, não só ter percebido a intenção do ataque, mas também que está seguro das suas convicções a ponto de achar graça no que tentaram fazer. Tome cuidado apenas para não parecer irônico ou debochado.

Se, em um programa do qual várias pessoas estiverem participando, no momento da sua apresentação, tentarem prejudicar o desenvolvimento do seu raciocínio, não pare para discutir com quem faz o aparte; continue falando com os olhos voltados para as lentes da câmera como se nada estivesse acontecendo. Entretanto, se conseguir aproveitar o aparte, inclua-o na sua linha de raciocínio, mas sempre se comunicando visualmente com a câmera. Agindo assim, dificilmente ela deixará de focalizar sua imagem. Ao contrário, se você interrompe a argumentação e olha para o adversário numa atitude de quem vai começar a se defender, a câmera poderá deixá-lo e se dirigir a ele, que passará a ter o domínio do debate.

Embora as entrevistas sejam quase sempre muito leves e tranquilas, com os entrevistadores até torcendo pelo bom desempenho dos entrevistados, pois assim garantem a qualidade do programa, às vezes aparecem algumas surpresas. Quando lancei meu livro *Fale muito melhor*, surgiram excelentes oportunidades de entrevistas. Já estava agendada a gravação no programa de televisão do Jô Soares, que naquela época era considerado o mais importante espaço para entrevistas da televisão brasileira, e combinado que eles me buscariam em casa por volta das seis horas da tarde. Entretanto, a produção do programa do Clodovil, que mais tarde se elegeu deputado por São Paulo, também entrou em contato para marcar uma entrevista naquela mesma tarde. Eu tinha interesse em participar dos dois programas por causa da boa audiência, mas por uma questão de responsabilidade disse que só poderia ir ao programa do Clodovil se pudesse ser entrevistado logo no início da tarde, por volta das duas e meia, três horas. Concordaram, e antes do horário combinado eu já estava na emissora. Lá me encontrei com uma querida amiga, Mara Behlau, uma das mais importantes fonoaudiólogas do país, com quem já havia participado de vários eventos, como a jornada de comunicação em Cuiabá e os dois congressos internacionais de laringologia e voz, o primeiro realizado no Rio de Janeiro e o segundo, em São Paulo, dirigidos por ela. Por isso, além do relacionamento profissional, desenvolvemos também uma excelente afinidade pessoal. Enquanto aguardávamos o momento da entrevista, ficamos na sala de espera pondo os assuntos em dia. Lá pelas três e tanto, como ninguém se manifestava sobre a nossa entrevista, procurei o pessoal da produção do programa para alertar mais uma vez de que eu tinha um compromisso importante logo mais à tarde, e, como havíamos combinado, minha participação deveria iniciar o mais breve possível. Disseram que eu ficasse tranquilo, que logo seria chamado. Às quatro e quinze, eu disse a Mara Behlau que não poderia esperar mais e que iria me retirar. Mara avisou à produção do programa sobre a minha decisão e imediatamente nos levaram para o estúdio. Não sei se foi por causa dessa pressão ou porque o Clodovil era mesmo assim, mas a entrevista foi uma verdadeira provação. Ele simplesmente me ignorou e só falou com a Mara. Por ser minha amiga e me conhecer bem, ela tentou mudar o rumo da conversa dizendo ao apresentador que eu era um autor renomado de livros, que era um profissional muito experiente na área da comunicação, que várias personalidades já haviam requisitado meus serviços como professor, mas era como se ela não estivesse dizendo nada, pois ele continuava a conversa como se eu não estivesse presente. Até a produção do programa ficou incomodada e passou a sugerir pelo ponto eletrônico que ele me incluísse na entrevista. Ele não só não me incluiu como respondeu no ar à produção que ele gostava muito da Mara e queria continuar só conversando com ela. Nunca na minha vida eu havia passado por momentos como aqueles, completamente ignorado pelo entrevistador e com outro compromisso importante para atender.

Pensei em levantar-me e abandonar o programa, mas concluí que essa atitude poderia prejudicar minha imagem, pois, com certeza, muitos telespectadores que me conheciam estavam aguardando para ver como me sairia daquela enrascada. Eu sabia também que, se quisesse falar do meu livro, que era o objetivo da minha presença no programa, deveria antes conquistar o interesse do entrevistador, para depois, sim, com a autorização e até com a ajuda dele, me dirigir aos telespectadores com minha mensagem. Usei uma tática bem-sucedida. Num determinado momento, surgiu a oportunidade para eu dar a opinião sobre um assunto bastante simples sobre comunicação, e o meu comentário foi tão óbvio que não haveria possibilidade de ser contestado. Pois não é que o Clodovil, querendo me desafiar de maneira ostensiva, discordou? Essa foi a minha chance de conquistá-lo. Em vez de tentar um contra-argumento, com sinceridade fiz uma observação sobre a atitude que ele havia tomado. Mais ou menos com estas palavras, eu disse: "Sabe, Clodovil, quando alguns amigos souberam que eu viria ao seu programa, me alertaram para que eu tomasse cuidado, pois você às vezes deixa o entrevistado em situação delicada, mas agora vejo que suas intervenções tornam o programa mais interessante. Por exemplo, nesse assunto que estamos discutindo, o fato de você discordar me obriga a encontrar outros argumentos para sustentar minha forma de pensar. Com isso a entrevista sai de qualquer plano que eu pudesse ter idealizado e toma rumos inesperados, o que com certeza estimula o telespectador a acompanhar a nossa conversa". Essas minhas palavras foram uma doce melodia para os ouvidos do apresentador, pois a partir daquele momento pediu que eu falasse do meu livro, do meu trabalho, das minhas palestras, além de dizer que gostaria de me convidar para participar de outros programas. Se eu tivesse aberto confronto com ele, provavelmente o objetivo da minha entrevista não seria atingido.

Repita o que quiser destacar

Se estiver falando de um plano, um projeto, um livro ou qualquer assunto e desejar que os telespectadores se lembrem dele, não se refira a eles como o produto, o livro ou o projeto. Repita o nome para que as pessoas possam fixá-lo. Por exemplo, diga: "Com o lançamento do relógio Hora Certa", ou "Com a publicação do livro *Comentários adicionais sobre o Código Civil*", ou "Com a implantação do projeto Açoforte". Use esse recurso durante a apresentação sempre que puder.

Se fosse um candidato político, desconhecido da maioria dos eleitores, poderia usar o artifício de fazer referência a si mesmo na terceira pessoa, para repetir o seu nome várias vezes e torná-lo conhecido. Por exemplo, você poderia dizer: "Quando aceitei o convite para me candidatar, as pessoas que me conheciam me perguntaram insistentemente: José Eduardo, o que você pretende fazer pela nossa cidade? José Eduardo, quais são os seus planos se for eleito? José Eduardo, o que você fará pela educação das nossas crianças? Eu dizia naquela época e continuo dizendo hoje: vocês podem confiar em José Eduardo, porque se há uma coisa que está acima de qualquer plano é o amor que José Eduardo tem por esta terra".

Eles poderiam não votar em você, mas, pelo menos, saberiam que se chama José Eduardo.

Não com a ostensividade do político, mas você, como advogado, também poderá encontrar um meio de repetir o seu nome para aproveitar a oportunidade e se tornar mais conhecido.

Prepare-se para encerrar

É impressionante como o tempo passa depressa quando estamos dando uma entrevista na televisão. Geralmente nós nos surpreendemos quando o entrevistador diz: "Eu conversei com o Professor Reinaldo Polito e agradeço a sua presença em nosso programa". Pronto, se deixamos para mais tarde o que deveríamos dizer, perdemos a chance: a entrevista acabou!

Por isso, relacione as informações mais importantes que gostaria de transmitir e encontre uma forma de comunicá-las o mais cedo que puder. Mesmo que o entrevistador não faça perguntas diretamente relacionadas com o que deseja transmitir, sempre será possível encaixar algum dado como exemplo, na abertura ou no encerramento de uma explicação. É preciso apenas ter cuidado para não forçar a informação e sair do objetivo da pergunta.

Ensaie bastante

De todos os tipos de apresentação, este é o que mais exige ensaio, treinamento e experiência.

Dificilmente um advogado, por mais experiente e comunicativo que seja, poderá corrigir todos os defeitos antes de passar por vinte ou trinta entrevistas diante das câmeras. Em uma delas fala muito devagar, sem ritmo; na outra, foge com os olhos da câmera; na seguinte, gesticula demais; numa próxima, apresenta tiques que ainda não tinham aparecido. Assim, com muito estudo, observação e, acima de tudo, treinamento, as falhas desaparecerão.

Entretanto, ninguém deseja passar por vinte ou trinta entrevistas cometendo erros para aprender. Em alguns casos, isso seria muito prejudicial. Imagine um advogado muito conhecido, que tem uma imagem forte a preservar, apresentando-se na TV com vários desses problemas de comunicação. Seria desastroso.

Para não cometer tantos erros, mesmo porque nem todos talvez tenham a chance de apresentar-se em televisão com frequência, você poderá abreviar o aprendizado, simulando entrevistas com a ajuda de uma câmera de vídeo e analisando o resultado. É muito importante que esses exercícios sejam feitos em dias diferentes, com roupas, cenários e estados de espírito também diferentes. Assim, estará se aproximando da realidade e tornando o aprendizado mais eficiente.

Depois desse treinamento, os defeitos provavelmente desaparecerão, e, ao dar uma entrevista de verdade, o resultado poderá ser eficiente e altamente gratificante.

Resumo

2ª parte — Técnicas de apresentação e as circunstâncias especiais

Capítulo 6 — Faça uma boa sustentação oral

- Conheça a causa com profundidade, pois isso o deixará mais seguro e tornará sua sustentação oral mais eficiente.
- Esteja inteirado do regimento interno do tribunal, a fim de evitar equívocos e surpresas de última hora (por exemplo, vale atentar para o tempo permitido para a sustentação e a roupa exigida para o evento).
- Conheça bem a turma de julgadores, pois as próprias decisões deles poderão servir como argumento para a sustentação oral.
- Prepare memoriais bem resumidos, apenas com as informações relevantes que o julgador precisa conhecer.
- Não se alongue nas saudações iniciais, para não prejudicar o tempo que deveria ser dedicado à defesa da causa.
- Não leia a sustentação; recorra apenas às suas anotações para citações literais e para se certificar de que todos os itens importantes do processo estejam sendo cobertos.
- Desperte o interesse dos julgadores, destacando uma ou duas informações que podem provocar algum impacto neles.
- Organize a exposição com começo, meio e fim.
- Treine bastante; quanto mais ensaiar, mais dominará todas as etapas da sustentação oral.
- Fale com personalidade, mas sem ser agressivo, usando a emoção na medida certa.

Capítulo 7 — Planejando apresentações

- Iniciar com os cumprimentos.
- Conquistar.
- Informar sobre o que vai falar.

- Fazer um retrospecto ou levantar um problema relacionado com o tema.
- Indicar quais as partes que pretende cumprir no desenvolvimento do assunto.
- Apresentar o assunto com argumentos e de forma concatenada.
- Refutar possíveis objeções.
- Recapitular em uma ou duas frases o que acabou de dizer.
- Encerrar com informações consistentes, que possam levar à reflexão ou à ação.

Capítulo 8 — Recursos audiovisuais

- Cuidado com exageros.
- Saber quando usar um visual.
- Contar com recursos visuais.
- Dez regras básicas para produzir um bom visual.
- Saber projetar bem um visual.

Capítulo 9 — Técnicas de apresentação

Aprenda a falar de improviso

Falar de improviso não significa falar sobre um assunto desconhecido, e sim falar sem ter planejado a apresentação de forma conveniente.

Para falar de improviso, comece discorrendo sobre um assunto que conheça com profundidade, ou sobre uma notícia que tenha ouvido há pouco pelo rádio ou pela televisão, ou tenha lido em jornais ou revistas. Em seguida, ligue o assunto com o tema central da apresentação.

Aprenda a ler em público

- Mantenha contato visual com os ouvintes durante as pausas mais prolongadas ou nos finais de frases.
- Segure a folha na altura da parte superior do seu peito.
- Faça poucos gestos. Se tiver dificuldade para gesticular, prefira segurar a folha com as duas mãos, sem fazer gestos.
- Faça marcações para as pausas expressivas, para destacar as palavras mais significativas na mensagem e também

para indicar o momento mais apropriado para olhar para os ouvintes.

- Se sentir nervosismo para ler, use folhas mais grossas. Mesmo que sinta algum tremor, os ouvintes não irão perceber e você se sentirá mais tranquilo.

Recursos de apoio

- Escreva frases em uma folha de papel.
- Durante a apresentação, leia as frases e depois faça comentários. Aja assim até o final da apresentação.
- Se usar um esquema mental, memorize as quatro ou cinco etapas da apresentação. Quando estiver falando na frente dos ouvintes, irá se lembrar de cada uma dessas etapas e terá liberdade para desenvolver o raciocínio diante do público.

Capítulo 10 — Falas circunstanciais

Como fazer uma homenagem

- Conquiste a simpatia e a benevolência do público.
- Faça um histórico das atividades ligadas à vida do homenageado.
- Fale das qualidades do homenageado, revele o nome dele e o motivo da homenagem.
- Encerre com uma mensagem de otimismo, desejando ao homenageado muitas conquistas e realizações.

Como agradecer uma homenagem

- Agradeça a homenagem e ao orador que o homenageou.
- Divida as glórias com a equipe.
- Demonstre interesse pelo bem-estar social.
- Encerre com uma mensagem forte e motivadora.

Como fazer um discurso de despedida

- De forma genérica, comente sua partida, como chegou, como foi tratado e como está saindo.
- Revele os motivos da partida e os planos para o futuro.
- Demonstre vontade de retornar.

Como apresentar um orador

- Fale sobre o motivo do evento.
- Fale sobre a importância do tema.
- Fale sobre o orador.
- Convide o orador a falar.

Como entregar um prêmio

- Aluda à ocasião.
- Faça um rápido histórico da entidade que oferece o prêmio e comente por que ele foi instituído.
- Destaque as qualidades do agraciado.
- Use uma frase motivadora e entregue o prêmio.

Capítulo 11 — Como falar com a imprensa

Por pior que seja a experiência com a imprensa, é sempre preferível enfrentá-la e continuar dando entrevistas a fugir dela.

O fato de você tratar gentilmente o jornalista não impedirá que ele publique o que apurar, mas, se for bem recebido e tiver boas condições de trabalho, sua matéria poderá ser mais benevolente do que se tiver sido hostilizado. Atenda o jornalista o mais rápido que puder, pessoalmente ou por telefone.

Capítulo 12 — Como falar com jornalistas da imprensa escrita

- Prepare as informações com antecedência.
- Converse naturalmente.
- Fale com entusiasmo, envolva e até ajude o jornalista.
- Só fale sobre o que desejar ver publicado.
- Só dê informações em *off* se conhecer bem o jornalista e confiar nele.
- Fique atento para falar sobre o que interessa ao jornalista.
- Não invente respostas. Se não souber, prontifique-se a pesquisar.
- Escolha a roupa que esteja de acordo com a sua atividade de advogado, para eventuais fotografias.
- Depois da entrevista, não aborreça o repórter com perguntas sobre a matéria.

Capítulo 13 — Como falar no rádio

Fale no rádio como se estivesse conversando com apenas uma pessoa.

Quanto mais natural, espontânea e viva for a comunicação no rádio, mais eficiente ela será.

A fala deve ser pausada, com boa pronúncia das palavras, inflexão de voz que interprete bem a mensagem e ritmo que mantenha o interesse dos ouvintes.

As respostas, numa entrevista no rádio, devem ser curtas e objetivas devido ao tempo, em geral escasso, e à rotatividade da audiência.

Sugestões para você dar uma boa entrevista no rádio:

- Prepare-se para a entrevista, levando material que poderá ser fonte de consulta, como livros ou fichas de anotações.
- Não perca tempo com cumprimentos e agradecimentos. Seja direto, simples e objetivo, dizendo apenas "bom-dia", "boa-tarde" ou "boa-noite".
- Ouça com atenção as perguntas do entrevistador, para evitar uma resposta com informações não relacionadas à pergunta e para não falar ao mesmo tempo que ele.
- Evite dar opiniões comprometedoras. Diga que está aguardando mais informações sobre o assunto.
- Revele seu interesse pelo bem-estar social.
- Aborde a questão pelo lado positivo.

Capítulo 14 — Como falar diante das câmeras de televisão

Fale diante das câmeras como se estivesse conversando com as pessoas na sala de visitas de sua casa.

Recomendações para fazer uma boa apresentação diante das câmeras:

- Conheça o programa, assistindo a um deles ou fazendo perguntas relevantes a quem o convidou.
- Chegando à emissora, procure falar com o entrevistador ou o responsável pela pauta, a fim de saber qual será a linha adotada para a entrevista.

- Prefira usar roupas de cores lisas, próximas do azul, vinho, bege e cinza. Evite o xadrez, as listras, as estampas pequenas e de cores berrantes e chamativas. Evite usar tudo o que brilhe muito e faça barulho.
- Posicione-se diante das câmeras de maneira firme, sem rigidez e com elegância.
- Deixe o semblante arejado e demonstre satisfação por estar ali.
- Olhe a maior parte do tempo para a câmera, desde que não haja orientação contrária.
- Fale com envolvimento e entusiasmo, mas sempre pausadamente, sem precipitação.
- Faça gestos moderados.
- Mantenha o equilíbrio emocional. Não se mostre irritado com perguntas agressivas e ataques que receber dos adversários ou do entrevistador.
- Repita o que quiser transmitir, para que o telespectador possa gravar a informação.
- Prepare-se para encerrar, pois, como a entrevista passa muito rápido, convém dizer o que deseja logo no início.
- Ensaie bastante para eliminar os defeitos e os erros que seriam apresentados nas futuras entrevistas.

Exercícios de fixação

Responda às questões a seguir.

1. Qual é o melhor recurso para falar de improviso?

2. Em que circunstâncias a leitura é recomendável?

3. Qual é a melhor altura para segurar o papel durante a leitura?

4. Como usar o roteiro escrito?

5. Como usar o esquema mental?

6. Se a experiência com a imprensa for negativa, você deve deixar de conceder entrevistas?

7. Por que adular ou oferecer presentes ao jornalista não facilita o contato com a imprensa?

8. Quando desejar que uma informação não seja publicada, que atitude deverá tomar?

9. Como falar no rádio?

10. Como deverá ser, normalmente, a comunicação visual, ao falar diante das câmeras de televisão?

Respostas dos exercícios de fixação

1. Qual é o melhor recurso para falar de improviso?

   O melhor recurso para falar de improviso é começar abordando um assunto de íntimo conhecimento do orador e em seguida ligá-lo ao tema central da apresentação.

2. Em que circunstâncias a leitura é recomendável?

   Algumas das circunstâncias em que a leitura é recomendável são: pronunciamentos oficiais, posse de presidentes de entidades, como orador de turma de formandos.

3. Qual é a melhor altura para segurar o papel durante a leitura?

   A melhor altura para segurar o papel na leitura é a parte superior do peito.

4. Como usar o roteiro escrito?

   Para usar o roteiro escrito, a técnica é escrever algumas frases em uma folha de papel e, durante a apresentação, ler o que escreveu, fazendo, em seguida, comentários sobre cada uma das frases.

5. Como usar o esquema mental?

   Para usar o esquema mental, a técnica é guardar mentalmente quatro ou cinco etapas da exposição e desenvolver o raciocínio enquanto se apresenta diante dos ouvintes.

6. Se a experiência com a imprensa for negativa, você deve deixar de conceder entrevistas?

   Por pior que tenha sido a experiência com a imprensa, é sempre preferível enfrentá-la a fugir dela.

7. Por que adular ou oferecer presentes ao jornalista não facilita o contato com a imprensa?

   Para tratar bem um jornalista, ninguém deve se tornar um adulador nem oferecer presentes para sensibilizá-lo. Ao con-

trário, esse comportamento poderá ser ofensivo e se transformar numa fonte de suspeitas.

Além disso, o jornalista estará ali para desempenhar o seu trabalho e vai procurar executá-lo independentemente do tratamento que receber.

8. Quando desejar que uma informação não seja publicada, que atitude deverá tomar?

A melhor atitude é não revelar o fato ao repórter. Nem na entrevista, nem durante o cafezinho, tampouco na despedida.

Atenção: se ele tiver a informação de outras fontes, será melhor dar a sua versão do fato.

9. Como falar no rádio?

A melhor comunicação em uma entrevista no rádio é falar como se estivesse conversando com apenas uma pessoa. Quanto mais natural, espontânea e viva for a comunicação por esse veículo, mais eficiente será.

10. Como deverá ser, normalmente, a comunicação visual, ao falar diante das câmeras de televisão?

Quando o entrevistador estiver fazendo a pergunta, o entrevistado deve olhar na direção dele. Ao respondê-la, deve começar a falar ainda olhando para ele e, depois das primeiras palavras, voltar-se para a lente da câmera e continuar como se estivesse conversando naturalmente com três ou quatro pessoas, numa pequena reunião íntima. De vez em quando, é interessante manter contato visual com o entrevistador.

Proposta de trabalho

No aprimoramento da oratória, é muito importante que os conceitos teóricos sejam imediatamente colocados em prática. Aplique todos os exercícios enquanto desenvolve este estudo para que a matéria assimilada se incorpore à sua realidade.

1. Com o auxílio de um gravador, faça pequenas apresentações (de aproximadamente um minuto) sobre qualquer assunto, em ambientes diferentes. Fale em salas com capacidade para vinte a cinquenta pessoas, para cinquenta a cem pessoas e para mais de cem pessoas.

   Você não precisa procurar auditórios especiais para fazer os exercícios. Dentro de sua própria casa talvez encontre ambientes que comportem esse número de pessoas.

   Deixe o gravador no fundo da sala, como se fosse o último ouvinte.

   Repita a mesma apresentação em cada uma das salas, até conseguir escutar e entender bem a gravação.

   O gravador apresenta distorções e dará apenas uma ideia do volume da voz, não sendo, portanto, a medida ideal. Se puder contar com a ajuda de outra pessoa que se posicione no fundo da sala, será melhor.

2. Alterne leituras de uma poesia e de um artigo de jornal, em voz alta, durante quinze minutos. Faça o treinamento periodicamente, para aprimorar o ritmo e a cadência da fala. Aproveite para seguir as sugestões dadas para a leitura em público.

3. Faça pequenas apresentações (de cerca de dois minutos). Em cada uma delas, promova pausas prolongadas olhando para todos os lados do auditório, como se estivesse vendo os ouvintes.

   Com esse treinamento, você se habituará a ficar em silêncio diante do público, sem necessidade de emitir sons o tempo todo. Lembre-se de que o silêncio, em determinadas circunstâncias, pode ser mais expressivo que as palavras.

4. Separe um artigo de revista e assinale dez palavras à sua escolha. Em seguida, substitua cada uma delas por outras que possam dar o mesmo sentido às frases.

   Inicie colocando as palavras de que puder se lembrar, sem nenhum auxílio de dicionário. Depois, pesquise outros termos num dicionário de sinônimos. Finalmente, faça um estudo num dicionário analógico ou de termos afins.

   Esse treinamento vai ajudá-lo a empregar seu vocabulário com maior precisão e segurança durante as suas apresentações.

   Repita o exercício sempre que puder.

5. Escolha um discurso, de preferência feito por um bom advogado, que tenha sido publicado recentemente, e destaque a ideia mais importante contida em cada frase.

   Leia cada frase várias vezes, até conseguir pronunciá-la de memória.

   A seguir, pronuncie a frase fazendo apenas um gesto que corresponda à ideia em destaque.

   Durante o exercício, observe:

   a) se o movimento do braço se inicia antes ou junto com a palavra que corresponde à ideia importante;

   b) se o movimento do braço está partindo do ombro;

   c) se o gesto se manteve pacientemente até a conclusão da frase;

   d) se o gesto foi realizado com naturalidade;

   e) se o corpo todo ficou em harmonia com o gesto.

   Esse exercício permitirá que se faça um gesto para cada informação importante dentro da frase. Lembre-se de que, no dia a dia, você faz esses gestos naturalmente quando está conversando com as pessoas do seu relacionamento mais próximo.

6. Relacione dez perguntas que um jornalista poderia fazer sobre a área que você abraçou no Direito. Inclua duas que não gostaria que ele fizesse.

Peça a alguém que lhe faça as perguntas e procure respondê-las com frases curtas, pausadamente e de maneira firme e simpática.

7. Repita o mesmo exercício gravando com um smartphone. Procure manter a comunicação visual com a lente do aparelho e converse com naturalidade.

8. Assista à gravação e refaça o exercício até corrigir todos os defeitos.

9. Faça um discurso homenageando um colega de trabalho. Esquematize a fala de acordo com o modelo sugerido no texto. Em seguida, se desejar, elabore um modelo próprio.

10. Faça um discurso para agradecer uma homenagem que lhe foi feita por um advogado do seu escritório. Esquematize a fala de acordo com o modelo sugerido no texto. Também neste caso, se desejar, elabore um modelo próprio.

11. Escolha um processo em que tenha atuado, ou, se preferir, o de um colega advogado. Verifique os argumentos utilizados pelas partes que se confrontaram e dê pesos de 1 a 10 para cada um deles. A partir dessa classificação, relacione a ordem dos argumentos e das objeções como julgar mais conveniente. Finalmente, compare com as orientações dadas no livro e analise as diferenças encontradas. Atenção: se julgar que houve divergência, não significa que a sua proposta esteja incorreta, apenas tenha consciência dos motivos que o levaram a agir de forma diversa.

12. Escolha alguns temas da atualidade, ligados à sua área de atuação como advogado. Fale de improviso durante três minutos sobre cada um desses temas. Comece abordando um assunto sobre o qual tenha bastante domínio e em seguida ligue-o ao tema central que deverá expor.

Questionário de autoavaliação

Este questionário serve para você perceber sua evolução passo a passo. Responda às questões sem consultar o gabarito a seguir.

Assinale com um "X" a alternativa correta.

1. A emoção, um dos seis requisitos para que o advogado conquiste credibilidade como orador, é revelada por:

   ( ) a) Entusiasmo, envolvimento e interesse que dedica à mensagem.

   ( ) b) Nervosismo e descontrole diante do público.

   ( ) c) Semblante entristecido, forte intensidade da voz e gestos eloquentes.

2. O advogado corre o risco de passar a imagem de um "falador presunçoso" quando:

   ( ) a) Fala muito, por conhecer profundamente o assunto.

   ( ) b) Expressa-se com desembaraço, mas sem conhecimento do tema.

   ( ) c) Revela seus defeitos profissionais.

3. A respiração correta para falar é realizada:

   ( ) a) Pelo nariz, com a boca fechada.

   ( ) b) Com a mão pressionando o abdômen, para empurrar o ar.

   ( ) c) Com a região abdominal, como fazem as pessoas quando estão dormindo.

4. Se o advogado fala muito rápido ou muito devagar, deverá corrigir a velocidade:

   ( ) a) Sempre.

   ( ) b) Desde que não prejudique a desenvoltura do seu raciocínio.

   ( ) c) Somente se for criticado por essa característica.

5. A gíria pode ser um bom recurso de comunicação quando o advogado a utiliza:

( ) a) Com inteligência, demonstrando ao público que a emprega conscientemente.

( ) b) Diante de uma plateia de jovens.

( ) c) Por fazer parte do seu vocabulário ativo.

6. As regras para a gesticulação devem ser:

( ) a) Sempre desconsideradas.

( ) b) Seguidas sempre rigorosamente.

( ) c) Observadas como orientação geral de comportamento.

7. No contato com jornalistas da imprensa escrita, é preciso:

( ) a) Conversar naturalmente, falar com entusiasmo e preparar as informações com antecedência.

( ) b) Exigir ler a matéria antes que seja publicada.

( ) c) Usar de todos os meios para conquistá-los, inclusive dando presentes.

8. Numa entrevista para uma emissora de rádio, é recomendável:

( ) a) Cumprimentar e agradecer demoradamente aos ouvintes, para conquistá-los.

( ) b) Ser direto, simples e objetivo.

( ) c) Falar alto para ser bem ouvido.

9. Participando, na televisão, de um debate com outras pessoas, ou sendo entrevistado, se as perguntas forem agressivas:

( ) a) Não deve se mostrar irritado, mas sim continuar falando de maneira firme, sem perder a calma e a tranquilidade.

( ) b) Responder à altura, para não passar uma imagem enfraquecida e covarde para os telespectadores.

( ) c) Manter-se em silêncio, para fazer o papel de vítima e conquistar a torcida do público.

10. Ao apresentar um orador, o advogado deverá:

( ) a) informar ao público que ele mesmo forneceu os dados do seu currículo, para que as informações tenham mais credibilidade.

( ) b) Dizer que apresentará um pequeno resumo do seu extenso currículo.

( ) c) Deixar que ele mesmo fale sobre suas qualificações.

Gabarito do questionário

1 – a	2 – b	3 – c	4 – b	5 – a
6 – c	7 – a	8 – b	9 – a	10 – b

Posfácio

A importância da oratória jurídica

Nem todo advogado faz sustentação oral nos tribunais, mas dominar as técnicas de uma boa oratória, com qualidade discursiva e eloquência, pode ser muito útil ao longo de toda a carreira profissional.

O padre Antonio Vieira, considerado um dos maiores oradores de nossa língua, tinha uma receita para ser um grande tribuno: "Há-de tomar o pregador uma só matéria; há-de defini-la, para que se conheça; há-de dividi-la, para que se distinga; há-de prová-la com a Escritura; há-de declará-la com a razão; há-de confirmá-la com o exemplo; há-de amplificá-la com as causas, com os efeitos, com as circunstâncias, com as conveniências que hão-de seguir, com os inconvenientes que se devem evitar; há-de responder às dúvidas, há-de satisfazer as dificuldades; há-de impugnar e refutar com toda a força da eloquência os argumentos contrários; e depois disto há-de colher, há-de apertar, há-de concluir, há-de persuadir, há-de acabar. Isto é sermão, isto é pregar; e o que não é isto, é falar de mais alto".

Como não temos a verve e a estatura do padre Vieira na oratória, temos de buscar dominar técnicas que nos possibilitem ter um melhor resultado na nossa comunicação profissional. Nunca é cedo demais nem tarde demais para dominar essas ferramentas da oratória jurídica, como deixa clara a presente obra.

Um dos pontos fundamentais a observar é o bom emprego do português, pois qualquer tese que tenha erros de concordância ou ignore o plural certamente irá ferir o ouvido da audiência e soará prejudicada. Devemos sempre falar corretamente nossa língua e evitar gírias, regionalismos de difícil entendimento e palavras de baixo calão. Por outro lado, o chamado "juridiquês", quando usado em excesso, pode soar pedante. E deve ser evitado.

Para manter a atenção dos julgadores, dos colegas ou mesmo de uma plateia, é necessário fazer afirmações das quais partilhamos, porque, de outra forma, não passaremos a credibilidade e a seriedade esperadas. Da mesma forma, um bom orador deve sempre pedir vênia para fazer alguma colocação que seja mais jocosa ou impertinente.

Como ensina Polito, o orador deve saber utilizar o tom de voz e a pausa para atrair a atenção de seu público. O tom monocórdio, repetitivo torna-se cansativo e acaba distraindo quem nos ouve, impedindo que atinjamos nosso objetivo: o convencimento da plateia.

A expressão corporal do orador também é importante, porque reforça o discurso. Os gestos devem ser harmoniosos com a fala e ajudarão a demonstrar que o advogado tem desenvoltura. O olhar é peça fundamental, porque quem não olha seus interlocutores passa a impressão de que desdenha a todos.

E, neste mundo, onde o tempo ganhou importância e velocidade nunca vistas, o bom orador deve saber falar no tempo devido. Falar de menos pode deixar a plateia insatisfeita, mas falar demais pode cansar a audiência. Churchill tinha a fórmula ideal: "Das palavras, as mais simples – e das mais simples, as mais curtas". Nada de palavras rebuscadas, nas quais podemos tropeçar, além de usar o poder de síntese.

Por todos esses pontos, este *Oratória para advogados e profissionais do direito* evidencia a importância da oratória para quem deseja se aprimorar como advogado, seja ainda acadêmico ou já militante. Fica, ainda, meu testemunho pessoal, já que fui aluno do professor Reinaldo Polito.

Marcos da Costa
Presidente da Ordem dos Advogados do Brasil –
Secção de SP, de 2013 a 2018

Conteúdo extra

A respiração

A boa voz depende fundamentalmente de uma respiração adequada. Sem respirar de forma adequada, você poderá ter dificuldade para falar bem. Em uma sustentação oral, por exemplo, quando você precisa falar por tempo prolongado, a boa respiração será fundamental para que sua comunicação se mantenha equilibrada e consistente.

A respiração é constituída de duas fases distintas: a inspiração e a expiração.

Na inspiração, os pulmões se enchem de ar, as costelas se elevam, o diafragma (um músculo localizado embaixo dos pulmões) desce, e a caixa torácica se alarga. Na expiração ocorre o inverso: o diafragma sobe, as costelas descem, e o ar que sai dos pulmões, como consequência desse processo, é usado na fonação.

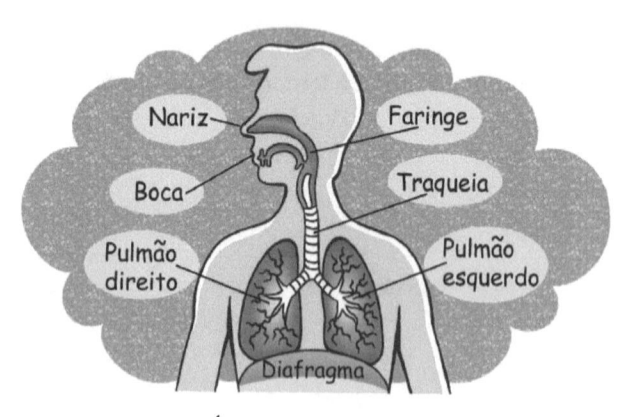

Órgãos da respiração.

A respiração correta para falar é realizada com a região abdominal, como fazem as pessoas quando estão dormindo. Veja a seguir um exercício simples para treinar e melhorar a respiração:

- fique em pé, distribuindo naturalmente o peso do corpo sobre as duas pernas, e com a postura um pouco relaxada;
- posicione a cabeça como se estivesse equilibrando um pequeno livro;
- coloque as mãos sobre o abdômen, sem forçar — elas servem apenas para que você se conscientize do procedimento correto ao respirar (o abdômen deverá estar contraído, apoiando a emissão; observe, durante o processo de inspiração, como o abdômen se eleva);

  Atenção: a caixa torácica deverá ficar praticamente imóvel. Se ela se expandir, a inspiração para falar não estará correta.

- expire com os lábios levemente cerrados, produzindo um fluxo de ar contínuo, e observe como o abdômen se contrai;
- repita este exercício várias vezes até desenvolver a respiração na região abdominal e usar corretamente o diafragma;
- depois de conseguir o domínio da técnica da respiração, repita o exercício e, ao expirar, pronuncie as vogais *a*, *e*, *i*, *o*, *u*, uma de cada vez.

Procure praticar essa técnica de respiração para que possa usá-la naturalmente ao falar.

Postura para os exercícios de respiração.

O funcionamento do aparelho fonador

O ar expirado dos pulmões passa pela traqueia até chegar à laringe, onde o som é produzido.

As pregas vocais (popularmente denominadas cordas vocais), localizadas na laringe, possuem papel preponderante na produção da voz. São duas pregas vocais utilizadas na fonação, constituídas de músculo e mucosa.

O som produzido pelas pregas vocais ressoa então pela faringe (a laringe também participa desse processo, pois, com a passagem do ar, as pregas se aproximam e vibram, produzindo um som primário), pela cavidade bucal e nasal.

Finalmente, entra em funcionamento a última parte do aparelho fonador — os articuladores. Depois que o som ressoa, ele é articulado para a formação das palavras. Participam do processo de articulação os palatos (palato mole, localizado na parte posterior da boca, e palato duro, à frente), a língua, os dentes, os lábios e a mandíbula.

A nossa voz, uma desconhecida

Geralmente, não gostamos de nossa voz quando a ouvimos reproduzida em uma gravação. Quando uma pessoa ouve sua própria voz gravada, além de não gostar, estranha tanto o som que costuma até afirmar que não é ela quem está falando ou coloca em dúvida a qualidade do gravador.

Temos essa opinião porque, quando falamos, ouvimos o som da voz dentro de nossa cabeça com toda a ressonância produzida pelos ossos. Entretanto, as outras pessoas e, obviamente, o gravador captam a vibração de uma onda de ar, isto é, um som diferente daquele que estamos acostumados a ouvir.

Com o tempo, a pessoa vai se familiarizando com o som da própria voz gravada e passa a aceitá-la com naturalidade.

Aprenda a colocar a voz

O segredo para colocar corretamente a voz, além da respiração adequada, é o aproveitamento apropriado dos ressoadores.

Cada um deve encontrar a melhor colocação para sua voz. O maior erro que alguém pode cometer é imitar determinado tipo de voz, ou porque acha que ela é bonita ou porque imagina que possa combinar com sua personalidade.

Equilibre a ressonância.

A voz natural é aquela projetada no rosto todo. Quando conseguimos colocar o som nessa região, estamos aproveitando melhor os ressoadores e dando mais qualidade à voz, que deve ter sonoridade agradável e ser emitida sem esforço.

Para descobrir qual é a sua melhor voz, cante, com a boca fechada, uma melodia que conheça bem. Cantando assim, você sentirá vibração no nariz e próximo da boca — esse é o efeito da ressonância. Ponha a ponta dos dedos no nariz e próximo dos lábios para sentir melhor a vibração e coloque mais o som na área nasal ou da boca, até que a ressonância fique equilibrada.

As pessoas usam a voz de forma incorreta, porque na maioria das vezes não se valem da ressonância nasal. Verifique se esse também é o seu caso. Sempre cantando com a boca fechada, aos poucos coloque o som na área nasal até que a vibração do nariz e da boca esteja distribuída. Esse equilíbrio é importante para evitar a produção de uma voz excessivamente anasalada.

Uma voz com qualidade estética é muito importante para o sucesso de um advogado. Portanto, invista nesse aspecto da comunicação.

Índice onomástico

Bibliografia

AMET, Emile. *Comment on apprend à parler en public*. Paris: Jouve & Cia., 1926. 670 p.

AREZIO, Luigi. *L'arte della parola*. Florença: G. C. Sansoni, 1915. 188 p.

ARISTÓTELES. *Arte retórica e arte poética*. Tradução por Antônio Pinto de Carvalho. Rio de Janeiro: Tecnoprint, [s.d.]. 350 p. Tradução de *Art rhétorique et art poétique*.

BELLENGER, Lionel. *A persuasão*. Tradução por Waltensir Dutra. Rio de Janeiro: Zahar, 1987. 104 p. Tradução de *La persuasión*.

BONFIM, Edilson Mougenot. *No Tribunal do Júri*. 2. ed. São Paulo: Saraiva, 2007.

_____. *Curso de processo penal*. São Paulo: Saraiva, 2007.

BROWN, Lillian. *Your public best*: the complete guide to making successful public appearances in the meeting room, on the platform, and on TV. New York: Newmarket Press, 1989. 223 p.

BUENO, Silveira. *A arte de falar em público*. São Paulo: Revista dos Tribunais, 1933. 222 p. [Até 1988 foram publicadas dez edições por editoras diferentes.]

CARVALHO, Francisco Freire de. *Lições elementares de eloquência nacional*. Rio de Janeiro: Em Casa D'Eduardo Laemmert, typographia nacional, 1834. 290 p.

CICÉRON. *Brutus et la perfection oratoire*. Tradução por François Richard. Paris: Librairie Garmier Frères, 1934. 298 p.

COHEN, Jean et alii. *Pesquisas de retórica*. Tradução por Leda Pinto Mafra Iruzun. Petrópolis: Vozes, 1975. 236 p. Tradução de *Recherches rhétoriques*.

COOK, Jeff Scott. *The elements of speechwriting and public speaking*. New York: Collier Books-MacMillan Publishing Company, 1989. 242 p.

CORTRIGHT, Rupert L.; HINDS, George L. *Técnicas construtivas de argumentação e debate*. Tradução por L. C. S. Ph. São Paulo: Ibrasa, 1963. 394 p. Tradução de *Creative discussion*, 1959.

EURICO Sodré, um grande advogado (livreto). [S.l.: s.n.], 1959.

FACULDADE DE DIREITO DA UNIVERSIDADE DE SÃO PAULO. *"In Memoriam"* Professor Alcântara Machado. São Paulo: Revista dos Tribunais, 1942.

FERRI, Enrico. *Discursos de defesa (defesas penais).* Tradução de Fernando de Miranda. 6ª reimpressão. Coimbra: Armênio Amado, Editor, Sucessor, [s.d.].

FOSCOLO, Ugo. *Lezioni di eloquenza.* Milão: Società Editrice Sonzogno, 1897. 344 p.

GARÇON, Maître Maurice. *Ensaios sobre a eloquência judiciária.* Tradução por Zilda Felgueiras. Rio de Janeiro: Editora da Casa dos Estudantes [ca. 1950]. 232 p. Tradução de *Essai sur l'éloquence judiciaire.*

GIDDENS, Anthony. *Modernidade e identidade.* Rio de Janeiro: Jorge Zahar Editor, 2002.

GUESDON, Abbé. *Cours d'éloquence sacrée.* França: Imp. de Montligeon, 1905. 256 p.

HOLTZ, Herman. *The executive's guide to winning presentations.* New York: John Wiley & Sons, Inc., 1991. 211 p.

INSTITUTO DOS ADVOGADOS DO BRASIL. *Prêmio Teixeira de Freitas concedido ao Professor Pontes de Miranda* (sessão solene realizada no dia 27 de julho de 1961). Rio de Janeiro, 1961.

JAKOBSON, Roman. *Linguística e comunicação.* São Paulo: Ática, 1995. 164 p.

JORNAL DO COMMERCIO. Oração do paraninfo. In: *Perspectivas do Direito Civil* (livreto). Rio de Janeiro: Rodrigues & Cia., 1954.

KARLINS, Marvin; ABELSON, Herbert D. *Persuasão.* Tradução por Lêda Maria Maia. Rio de Janeiro: Civilização Brasileira, 1971. 222 p. Tradução de *Persuasion — how opinions and attitudes are changed,* 1970.

LEBEL, Pierre. *La strategie de l'intervention orale.* Paris: Éditions Retz, 1990. 160 p.

LEEDS, Dorothy. *Power speak.* New York: Berkey Books, 1989. 294 p.

LUZ, Waldemar P. *Manual do advogado.* 20. ed. Florianópolis: Conceito Editora, 2007.

LYRA, Roberto. *Como julgar, como defender, como acusar.* Rio de Janeiro: Editora Científica, [s.d.].

MACHADO, Brasílio. *Obras avulsas.* São Paulo: Escolas Prof. Salesianas, 1906.

MAJADA, Arturo. *Oratória forense.* Barcelona: Bosch, 1951.

MONEGAL Y NOGUÉS, Esteban. *Compendio de oratoria sagrada*. 4. ed. Barcelona: Imprenta de Eugenio Suborana, 1923. 340 p.

NAPOLITANO, Giovanni. *Intuizioni sul'eloquenza*. Napoli: Libreria Della Diana, 1930. 170 p.

NASCIMENTO, Edmundo Dantès do. *Lógica aplicada à advocacia*. São Paulo: Saraiva, 1981.

PACOUT, Nathalie. *Parler en public*. Paris: Marabout, 1988. 192 p.

PIMENTEL, Manoel Pedro. A oratória perante o júri. In: *Revista dos Tribunais*, v. 77, n. 628, p. 281-290, fev. 1988.

PLEBE, Armando. *Breve história da retórica antiga*. Tradução por Gilda Naécia Maciel de Barros. São Paulo: Edusp, 1978. 98 p. Tradução de *Breve storia della retorica antica*.

POLITO, Reinaldo. *A influência da emoção do orador no processo de conquista dos ouvintes*. 4. ed. São Paulo: Saraiva, 2005. 160 p.

_____. *Como falar corretamente e sem inibições*. 111. ed. São Paulo: Saraiva, 2006. 312 p.

_____. *Como falar de improviso e outras técnicas de apresentação*. 11. ed. São Paulo: Saraiva, 2006. 136 p.

_____. *Cómo hablar bien en público*. Tradução por María de los Hitos Hurtado. Madrid: Edaf, 2004. 248 p.

_____. *Como se tornar um bom orador e se relacionar bem com a imprensa*. 7. ed. São Paulo: Saraiva, 2001. 160 p.

_____. *Fale muito melhor*. 5. ed. São Paulo: Saraiva, 2003. 208 p.

_____. *Gestos e postura para falar melhor*. 23. ed. São Paulo: Saraiva, 2002. 200 p.

_____. *Recursos audiovisuais nas apresentações de sucesso*. 6. ed. São Paulo: Saraiva, 2003. 140 p.

_____. *Seja um ótimo orador*. 9. ed. rev. e ampl. São Paulo: Saraiva, 2005. 224 p.

_____. *Superdicas para falar bem em conversas e apresentações*. 9ª reimpressão. São Paulo: Saraiva, 2006. 136 p.

_____. *Técnicas e segredos para falar bem*. São Paulo: IOB, 1993. 5 módulos.

_____. *Um jeito bom de falar bem*. 10. ed. São Paulo: Saraiva, 2001. 215 p.

_____. *Vença o medo de falar em público*. 8. ed. São Paulo: Saraiva, 2005. 136 p.

QUINTILIANO, M. Fábio. *Instituições oratórias*. Tradução por Jerônimo Soares Barbosa. São Paulo: Cultura, 1944. 2 v.

_____. *Institution oratoire*. Tradução por Henri Bornecque. Paris: Librairie Garnier Frères, 1933-4. 4 v.

REICH, Wilhelm. *Análise do caráter*. São Paulo: Martins Fontes, 1988.

REVISTA VENCER. São Paulo: Editora Vencer, números 1 a 89, de 1999 a 2007.

ROUSTAN, M. *L'éloquence*. 3. ed. Paris: Librairie Paul Delaplane [ca. 1900]. 112 p.

SENGER, Jules. *A arte oratória*. Tradução por Carlos Ortiz. 2. ed. São Paulo: Difusão Europeia do Livro, 1960. 136 p. Tradução de *L'art oratoire*.

SNYDER, Elayne. *Persuasive business speaking*. New York: Amacon — American Management Association, 1990. 243 p.

SODRÉ, Hélio. *História universal da eloquência*. 3. ed. Rio de Janeiro: Forense, 1967. 900 p. 3 v.

STUART, Cristina. *How to be an effective speaker*. Lincolnwood: NTC Business Books, 1989. 238 p.

THEODORO, Marlene. *A era do EU S/A* — em busca da imagem profissional de sucesso. São Paulo: Saraiva, 2004.

TIMON. *Livre des orateurs*. 15. ed. Paris: Pagnerre, 1847. 2 v.

TOULE MON, André. *La parole moderne*. Paris: Librairie Rousseau, 1958. 260 p.

VASILE, Albert J.; MINTZ, Harold K. *Speak with confidence*: a practical guide. 5. ed. New York: Harper Collins Publishers, 1989. 383 p.

VERCESI, Ernesto; SANTINI, Emilio. *L'eloquenza sacra in Italia e l'eloquenza politica accademica e forense*. Milão: Casa Editrice Dottor Francesco Villardi, 1938. 354 p.

VIANA, Mario Gonçalves. *Arte de falar em público*. Porto: Editorial Domingos Barreira [ca. 1950]. 396 p.

_____. *Técnica oratória*. Porto: Editorial Domingos Barreira [ca.1950]. 496 p.

VIEIRA, Pe. Antônio. Sermões. vol. XII, p. 181. In: *Obras completas do padre Vieira*. Porto: Lelo & Irmão — Editores, 1951. 15 v.

Depoimentos sobre o resultado do trabalho do Prof. Reinaldo Polito

"Reinaldo Polito é o maior especialista do país na arte de se comunicar bem."
Agência Estado

"O curso do Professor Reinaldo Polito ajuda a preencher uma lacuna na educação brasileira."
Almir Pazzianotto, ex-Ministro do Tribunal Superior do Trabalho

"Reinaldo Polito es uno de los más prestigiosos expertos en comunicación oral del mundo."
Editorial Edaf – Espanha

"A desenvoltura demonstrada pelos alunos formados pelo Professor Reinaldo Polito emocionou-me e comoveu-me. Todos estão aptos a enfrentar qualquer tipo de auditório, até os mais hostis."
Jânio Quadros, ex-Presidente do Brasil

"Leiam a sua obra com atenção e cheguem à mesma conclusão que eu. O Polito é realmente o melhor!"
João Mellão Neto, ex-Ministro do Trabalho

"Este curso do Prof. Reinaldo Polito abre uma perspectiva nova de vida, a perspectiva da comunicação e a de vencer a inibição no dia a dia."
Luiz Antônio Fleury Filho, ex-Governador de São Paulo

"Reinaldo Polito é o maior especialista brasileiro na arte de falar em público."
Luiz Flávio Borges D'Urso, ex-Presidente da OAB-SP

"Aprovo vivamente os métodos e o estilo do Prof. Polito. Creio que, através de seus cursos, ou de seus livros, a pessoa consegue dominar aquilo que é indispensável para o orador: a postura, a vitória sobre o medo, a preparação, os gestos, a voz, a relação interativa com o auditório."
Márcio Thomaz Bastos, ex-Ministro da Justiça

"Reinaldo Polito é o principal professor de oratória do Brasil."
Oswaldo Melantonio, Professor de Oratória

"Reinaldo Polito é o maior especialista no Brasil sobre a arte de falar em público."
Revista Você S.A.

"Reinaldo Polito é de longe o principal nome no terreno da comunicação e da expressão em público."
Tupã Gomes Corrêa, diretor da ECA-USP

"Não imaginava um trabalho tão magnífico como este, um trabalho de libertação, que permite a valorização do ser humano."
Waldir Troncoso Peres, advogado criminalista

Sobre o autor: Reinaldo Polito

Reinaldo Polito é reconhecido como o maior especialista brasileiro no ensino da oratória. Professor nos cursos de pós-graduação da Escola de Comunicações e Artes da USP, é também colunista de veículos renomados, como Estadão, Jovem Pan, CBN, Diário de São Paulo e GoWhere Business. Como palestrante, tem marcado presença nas principais empresas do país e se destacou como autor de dezenas de obras sobre a arte de falar em público.

Seus livros, que juntos já somam mais de 200 edições e 1,5 milhão de exemplares vendidos em 39 países, alcançaram o topo de importantes listas de best-sellers, algumas delas em primeiro lugar. Suas publicações foram alvo de críticas elogiosas na imprensa.

Com um estilo simples, direto e envolvente, Polito conquista os leitores desde as primeiras páginas, tornando o aprendizado da comunicação algo natural, mesmo nos temas mais complexos.

www.polito.com.br
Facebook: /ReinaldoPolito
Instagram: @polito

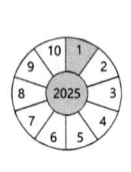